나답게 일한다는 것

나답게 일한다는 것

나를 증명하려고 애쓰는 당신을 위한
최명화의 가장 현실적인 조언

최명화 지음

INFLUENTIAL
인 플 루 엔 셜

헤매는 자 모두가
길을 잃은 것은 아니다

모두가 달려 나가고 있다. 재테크 공부를 열심히 하던 후배는 코인 투자로 연봉의 몇 배를 벌었다며 좋아했다. 팀의 막내는 SNS에 연재하던 글을 출판해 작가 반열에 올랐고, 고양이 집사인 친구는 고양이를 모델로 NFT 작품을 만들어 팔 궁리를 하고 있다.

하룻밤 새 새로운 플랫폼이 생겨나고 있고, 알림을 확인해야 할 앱의 숫자도 계속 늘어나고 있다. 정보는 넘쳐나고 기회도 지천이다. 열심히 공부하고 노력하면 못할 게 없으니 더 찾고, 더 공부하고, 더 갈망하라고 세상은 끝없이 나를 부추긴다.

이렇게 좋은 세상인데 우리는 불안하다. 회사는 잘 다니고 있지만 인생을 잘 살고 있는 것 같지는 않다. 분명 여기 머물고 있는데 온전히 속해 있지는 않은 듯한 소외감, 수많은 선택지와 갈림길 앞에 아무것도 취하지 못하고 있다는 상대적 박탈감, 혼자 뒤처지고 외면당하고 있다는 두려움. 이른바 '포모(FOMO, Fear of missing out) 증후군'이 우리를 강타하고 있다.

"불안은 자유의 현기증이다." 키에르케고르가 말했듯, 어디로든 갈 수 있고 무엇이든 될 수 있다는 가능성이 우리를 힘들게 하는지도 모른다. 많은 것이 가능하기에 있는 힘껏 좇아보지만 자꾸 주변을 돌아보고 남을 흉내 내게 된다. 나만 열외가되면 안 된다는 강박은 두려움으로 변질되고, 마음속 혼란함은 시간만 의미 없이 분산시킨다. 어디서 시작해야 할지, 무엇을 바라봐야 할지, 어떻게 이 여정을 끌고 나가야 할지 지향점을 잃은 지금, 나라는 존재의 의미는 점점 더 희미해져간다.

증명되는 것이 아닌
표현하는 존재로서의 나

마케터로서 긴 길을 걸어오고 있다. 리서처에서 시작해 컨설팅회사를 거쳤고 대기업에서 마케팅 총괄 임원으로 일했다. 교수가 되어 강단에 서고, 내 사업을 시작해 정부와 기업을 대상으로 마케팅을 전파하고 있다. 또한 교육플랫폼을 만들어 후배들을 성장시키고 책과 방송을 통해 그간 쌓아온 경험과 지식을 나누고 있다.

지금까지 밟아온 내 여정은 미리 정하고 계획했던 것이 아니다. 내가 가진 가능성과 열정은 늘 의문스러웠고, 때론 주어진 환경에 속절없이 무너지기도 했다. 미처 몰랐던 나에 대한 새로운 가능성을 발견하기도 했고, 의외의 기회를 눈앞에서 마주하기도 했다.

나는 여정의 모퉁이를 돌 때마다 내가 가치를 두고 있는 것들, 내게 주어진 기회들에 집중했다. 섣불리 재단해 들뜨거나, 미리 예견해 실망하지 않으려고 애썼다. 그리고 그 중심에서 언제나 '나다움'이라는 명제와 함께하려 했다.

우리는 증명되는 존재가 아닌 표현하는 존재다. 누구에게 인정받기 위한 존재가 아니라 표현하고 전달하면서 완성되는 존재다. 그리고 그 중심에는 오직 '나다움'이 자리 잡고 있어야 한다. 그것은 단순한 열정이나 부지런한 노력만을 의미하지 않는다. 나에 대한 지독한 성찰, 성공에 대한 나만의 뚜렷한 기준, 기회에 대한 객관적 판단과 지속적인 행동을 통해 완성될 수 있다. 보여지고 증명됨으로써 인정받는 내가 아닌, 나다움을 제대로 표현함으로써 스스로 자부심을 느끼는 나를 만들기 위한 전략이다. 나다워야 지속되며, 지속 가능해야 성장할 수 있고, 그 성장이 곧 나다운 성공으로 이어지기 때문이다.

헤맴의 여정 끝에
얻게 될 선물

나다움은 쉽게 발견되거나 정의되지 않는다. 우리를 둘러싼 환경은 계속 변하고 나는 새로운 생각으로 끊임없이 장착된다. 그것은 현재 진행형 숙제이며, 나 혼자 풀어야 할 답안 없는 문제 해결 과정이다. 온전한 나는 내가 희망하거나 정의하는 것으로 그려지지 않는다. 탐색과 경험을 통해 발견된다. 그리고 확장되면서 완성된다. 쉽지만은 않다. 그러나, 그래서 재미있다.

전략적 밑그림을 갖고 전술적으로 움직여야 이 여정을 즐길 수 있다. 무조건적 열심이나 성실이 아닌 긴 호흡과 객관적인 시각으로 마음 근육을 단단히 하는 접근, 나를 탐색하며 가능성을 구체화해보는 작업, 덤빌 때와 물러설 때를 판단하며 기회를 극대화하는 행동…. 이 여정에 필요한 것들은 지극히 전략적인 사유와 전술적인 움직임이다. 어쩌면 이는 우리 인생을 통틀어 유일한 의무이자 권리일지 모른다. 혹은 응당 누려야 할 선물이라고도 하겠다.

"헤매는 자 모두가 길을 잃은 것은 아니다."

내 침대 머리맡, 작은 액자 속에 넣어둔 글귀다. 헤매는 것이 특기가 되어버린 나를 위해 정신의학자 정혜신 박사님이 《반지의 제왕》 작가 톨킨의 글에서 손수 골라주신 기막힌 한 줄의 서사. 지금 나의 헤맴이 단순한 헤맴으로만 끝나지 않을 것임을, 길을 잃은 무모함과 전혀 다른 성질의 것임을, 헤맴의 여정 끝에는 나다움이라는 선물이 기다리고 있을 것임을, 그것을 통해 끝내 나는 내가 원하는 '그곳'으로 갈 수 있을 것임을 깨닫게 해준다.

내가 받은 이 작은 위로와 응원을, 자신을 제대로 탐험해보려는 사람들에게 전해주고 싶다. 방향성 있는 성장 속에서 나다운 성공을 이루고 싶은 사람들에게 이 책이 작은 영감이 될 수 있기를 바란다. 나를 생각해보고 나다운 길을 찾고 나답게 표현하고자 하는 사람들의 여정에 이 책이 작은 등불이 되기를 바란다.

2022년 3월
최명화

차례

머리말 헤매는 자 모두가 길을 잃은 것은 아니다 5

1장

나다움에서
답을 찾아라

나만의 속도로 '나답게' 달라져야 한다 16 | 진정한 고수는 일과 삶을 구
분하지 않는다 22 | 나를 지키는 단 하나의 방법 29 | 오롯이 나와 마주
하는 시간을 가져라 36 | 진짜 나를 발견하고 싶다면 42

2장

통념을 뒤집는
새로운 성공 법칙

'약한 나'를 쿨하게 인정하라 50 | 행복이 나를 찾게 하라 60 | 긍정적 태도가 나를 망친다 66 | 자존감을 키우려면 자존심부터 버려라 72 | 절대, 기대에 부응하지 마라 79 | '하기 싫은 일'부터 고민하라 84 | 길이 있어야 뜻도 생기는 법이다 90 | 여러 개의 얼굴로 살아야 나를 지킨다 98 | 목표는 하루치면 충분하다 103 | 성공은 남을 통해서만 가능하다 110 | 나를 돕는 건 먼 사람이다 115 | 이해하지 말고 인정하라 120

3장

나를 지키면서 성장하기 위해 필요한 것들

나 자신과 거리를 두고 객관화할 것 128 | 감정이 태도가 되지 않게 할 것 134 | Love Myself, 나의 빅팬 1호가 될 것 141 | 나만의 스토리에 인생의 지향점을 담을 것 147 | 열등감을 성장의 에너지로 활용할 것 153 | 중요한 결정을 내릴 땐 나에게 질문을 던질 것 159 | 일로 보여주고 일로 보상받을 것 166 | 나를 증명하려 들지 말고 표현할 것 171 | 나를 둘러싼 관계를 새롭게 디자인할 것 177

4장

나라는 브랜드를 돋보이게 만드는 10가지 전술

브랜드 하우스_나만의 성장 전략을 구축하라 184 | **시장조사**_나라는 브랜드의 경쟁력을 찾아라 198 | **벤치마킹**_레퍼런스를 축적해 내 것으로 만들어라 203 | **관계 확장**_새로운 관계를 통해 자아를 확장하라 209 | **표현과 전달**_나를 보여주는 콘텐츠를 개발하라 214 | **확장과 확인**_플랫폼을 성장 도구로 활용하라 220 | **멀티 페르소나**_내 안의 또 다른 나를 찾아라 229 | **라이프 사이클**_인생 주기에 맞는 역량을 개발하라 234 | **낯설음의 가치**_주변의 30퍼센트는 낯선 것들로 채워라 243 | **셀프 칭찬**_자기 격려로 도움닫기를 하라 249

누군가는 말했다.

"세상이 변하는 속도는 오늘이 가장 느리다"고.

길잡이 노릇을 해줄 지도 따위는 이제 없다.

급변하는 세상에서 길을 잃지 않으려면 오직 하나,

'나다움'이 무엇인지 스스로 알고 있어야 한다.

나를 발견한다는 것은 어려운 일이다.

그러나, 그래서 재미있다.

스스로에게 질문을 던져보자.

나다움은 과연 무엇인가?

나다움은 어떻게 내 삶의 전략이 되는가?

1장

나다움에서
답을 찾아라

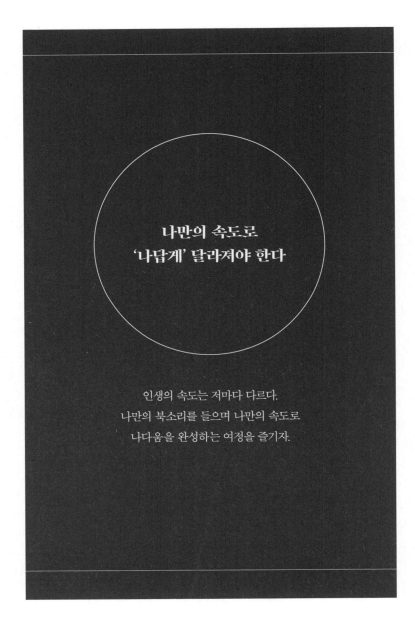

나만의 속도로
'나답게' 달라져야 한다

인생의 속도는 저마다 다르다.
나만의 북소리를 들으며 나만의 속도로
나다움을 완성하는 여정을 즐기자.

대담하고 무모한 모험가, 세상을 바꿀 혁신적 사업가, 21세기 최고의 괴짜이자 과대망상에 빠진 몽상가. 영화 〈아이언맨〉의 주인공 토니 스타크의 실제 모델로도 유명한 일론 머스크(Elon Musk)는 한두 가지 수식어로는 설명할 수 없을 만큼 다양한 면모를 지닌 경영자다.

찬사와 오명이 공존하지만 CEO로서 그가 보인 차별화된 포지셔닝은 그 자체로 큰 마케팅 효과를 보았다. 트위터 활동이 숱한 논란을 야기함에도 불구하고, 테슬라가 오늘날의 성장을 이룰 수 있었던 데는 일론 머스크라는 오너 자신의 차별화된 브랜드 전략이 주효했다. 무리에서 벗어나 혼자만의 길을 택한 결과다.

'나다운' 다름만이
경쟁력이 되는 세상

새로운 시대가 요구하는 경쟁력은 확실히 '차별화'에 기반을 두고 있다. 이는 몇 가지 패러다임의 변화와도 맞물린다. 수직적 우월함보다 수평적 다름에 열광하는 세상이 열렸다. 최고의 왕좌에 오른 이들은 어느새 의심의 대상이 되고 한순간 추락의 위기에 놓인다.

사회 전반이 포용의 가치를 수용하게 된 것도 간과할 수 없다. 직업이 다양해졌고 목표에 도달하는 길도 다변화되었다. 각계각층에서 새로운 시도가 끊임없이 나타나고 있다. 기존의 '완벽'이라는 개념이 재정의되고 있다는 점도 놓쳐선 안 된다. 완벽은 가능하지도 바람직하지도 않다. 대신 부족하더라도 함께 채워나가려고 노력하고 성장 가능성이 높은 것들이 훨씬 더 각광받고 있다. 이러한 변화들의 기저에는 '나'에 대한 보다 선명해진 인식이 자리 잡고 있다.

'차별화'에 대한 생각도 마찬가지다. 무조건 달라야 하는 것이 아니라 '나답게' 달라야 한다. 남과 다른 길을 택했더라도 그것이 나답지 않은 걸 억지로 덧입힌 것이라면, 그 차별화는 지속될 수 없다. 다르다는 것이 또 다른 우상이 되어서는 안 된

단 얘기다.

나다운 모습으로 성공에 이르는 여정은 하나로 올곧게 뻗은 길을 가는 게 아니다. 길을 걷다 샛길로 빠져 우연한 기회를 만나기도 하고, 거기서 뜻밖의 가능성을 발견해내기도 한다. 정말 하고 싶은 일이 있다 한들 환영의 레드 카펫이 펼쳐져 있지 않을 수 있다. 간절히 원해도 그 길을 가지 못할 수 있고, 차선에서 새로운 나를 발견해낼 수도 있다. 이는 현재진행형의 숙제를 푸는 것과 같다. 이 숙제가 어려운 이유는 정해진 공식 없이 오직 내 안에서 해결의 실마리를 찾아야 하기 때문이다. 오롯이 나다워야 하기에 참고할 것도 마땅찮다. 대신해줄 사람도 없다. 오직 내가 경험하고 풀어내야 한다.

모두가 같은 북소리를 듣고 걸어야 하는 건 아니다

최근 대기업에서 원하는 인재상을 살펴보면 개개인이 지닌 고유성에 높은 점수를 주고 있음을 실감할 수 있다. 자동차 회사에서는 자동차 덕후를, 엔터테인먼트 회사에서는 아이돌 팬클럽 회장을 영입한다. IT 기업에서는 스타트업을 직접 운영해보고 그 과정에서 실패도 경험해본 경력자를 찾는다. 심지어 노점상을 하다가 쫄딱 망하고 인생의 바닥을 쳤던 친구를 탐내는 회사도 있었다.

그들에겐 좋은 성적과 좋은 학교가 주지 못하는 살아 있는 인생 경험이 탑재되어 있다. 이력서에 나열하는 스펙과는 견줄 수 없는 힘을 지닌 그들만의 콘텐츠와 스토리, 그 스토리를 자신만의 속도로 펼쳐나갔기에 그들은 세상에서 유일한 '시그니처 스토리'를 가질 수 있었고, 결국 사람들의 마음을 움직일 수 있었다.

《월든》으로 잘 알려진 헨리 데이비드 소로(Henry David Thoreau)는 성공하려고 무모하게 일을 추진하는 사람들에게 서두르지 말라며 누구나 자신에게만 들리는 북소리의 장단이 있다고 말한다. "어떤 사람이 자기의 또래들과 보조를 맞추지 않는다면, 그것은 아마 그가 그들과는 다른 고수(鼓手)의 북소리를 듣고 있기 때문"이라며 그 어떤 북소리가 들리더라도 자신에게 들리는 북소리 장단에 맞춰 발걸음을 내디디면 된다는 것이다.

남들과 보조를 맞추려고 애쓰지 말자. 인생의 속도는 저마다 다르다. 사회 초년에 잘나가다 시간이 갈수록 쪼그라드는 사람이 있다. 과장 무렵까지 헤매다 팀장을 달고 훨훨 나는 대기만성형도 있다. 절대적 빠름이나 느림은 없다. 정해진 목표를 정해진 시간 안에 이루는 성공 패러다임은 이제 잊자. 갈 길은 생각보다 멀고 험하다.

그 길을 무사히 완주하려면 나만의 콘텐츠를 나만의 속도로 만들어 나가야 한다. 남들의 기준과 속도가 아닌, 나의 속도와 방향에 맞는 콘텐츠가 관건이다. 내 고유성을 바탕으로 한 콘텐츠로 무장할 때, 지속 가능한 여정을 이어갈 수 있다.

그러니 나의 호흡에 확신을 갖자. 우린 같은 북소리에 똑같이 발을 맞춰야 할 이유가 없다. 나만의 북소리를 듣고 나의 속도에 따르는 것으로 충분하다. 세상에 하나뿐인 나만의 이야기와 고유성을 지키는 길이라면, 조금 늦더라도 분명 '그곳'에 도착하게 될 것이다.

진정한 고수는
일과 삶을 구분하지 않는다

직장이라는 타이틀은 나를 전부 설명할 수 없다.
중요한 건 직장이 아니라 직업이다.
당신은 무엇으로 밥을 벌어먹는 사람인가.

"당신을 가장 잘 표현하는 물건은 무엇인가요?"

한 강연에서 다양한 연령층의 사람들에게 이런 질문을 했다. 나를 표현하는 물건이라…. 대부분 당황하는 눈치였다. 평소 생각해보지 않았을 터였다. 대답이 쉽게 나올 만한 분위기가 아니었다.

잠시 정적이 흐른 후, 누군가 침묵을 깨고 일어나 지갑에서 주섬주섬 무언가 꺼내어 보여주었다. 명함이었다. 그 작은 종이 위에 인쇄된 이름이 바로 '나'라고, 조금은 쑥스러운 눈빛을 보이면서 말이다. 그 눈빛은 '기대하는 답이 이게 아닌 것 같긴 한데, 달리 나를 보여줄 물건이 떠오르지를 않네요'라고 말하는 듯했다.

아이고야, 이걸 어쩌나. 어느 회사의 어떤 직함을 가진 아무 개라는 타이틀은 언제든 바뀔 수 있거늘 이 작디작은 종이 한 장이 정말 나를 표현하는 물건이 될 수 있단 말인가?

내 직업은 회사원?
나는 마케터다

아주 오랜 기간 나를 설명해주고 있는 명제가 있다. '나는 마케터다.' 물론 나를 담는 그릇은 계속 바뀌어왔다. 세계에서 가장 유명한 회사의 컨설턴트였던 적도 있고 한국 대표 기업의 임원이었던 적도 있다. 지금은 내 사업을 이끌고, 학생들을 가르치며, 글을 쓰고, 기업들을 자문한다.

이렇게 나를 담은 그릇은 계속 바뀌었지만 나는 언제나 마케터였다. 그 명제가 나의 열정을 설명해주고, 내가 세상을 바라보는 프리즘을 대변해주고, 내가 하고 싶은 일을 말해주고 있다. 하지만 마케터라는 정체성을 찾기 전까지 나는 그저 '회사원'이었다.

처음으로 미국 출장을 갔을 때였다. 출입국 서류를 작성하는데 직업란에 뭐라고 적어야 할지 고민이었다. 내 직업에 대한 적

당한 영어 표현이 떠오르지 않았다. '회사원의 영어 표현이 뭐지? 샐러리맨? 이건 콩글리시 아닌가? 그렇다고 내 사업을 하는 건 아니니 비즈니스맨도 아니고. 나는 월급쟁이일 뿐인데…' 갑자기 머리가 멍해졌다. 네모난 작은 칸이 무한히 넓은 공백으로 다가왔다.

고민 끝에 나는 지금 다니는 회사 이름과 함께 'employee(고용인)'라고 적었다. 다행히 잘 알려진 회사라 별 의심 없이 통과된 듯했다. 그러나 왠지 돌아서는 길에 헛웃음이 새어 나왔다. '난 뭐지? 내 직업은 뭐지? 월급쟁이가 직업이 될 수는 없잖아! 도대체 난 무슨 생각으로 사는 거지?'

뉴 프로페셔널리즘이
우리에게 원하는 것

이 경험은 나에게 매우 중요한 질문을 던져주었다. 그리고 업(業)에 대한 관점을 완전히 새롭게 정의하는 계기가 되어주었다. 오랫동안 아무 의심 없이 내 직업을 잘 알려진 회사의 회사원이라고 밝히고 살았다. ○○회사를 다닌다는 것이 나의 업을 설명하는 데 충분하다고 생각했다. 그랬다. 여태 그래왔다.

하지만 과연 옳은 정의였을까? 만약 회사를 떠나거나 나만의 사업을 하게 된다면? 아예 일을 안 하게 된다면? 나는 스르륵 흔적도 없이 사라지고 마는 건가? 질문은 꼬리에 꼬리를 물고 이어졌다. 나에게 직업이란 건 무엇인가? 그동안 직장과 직업을 혼동해서 써온 걸까? 내 직업에 대한 명확한 관점을 갖고 있기는 한 걸까?

좌충우돌의 경험 속에서 나는 뒤늦게 깨달았다. 내가 의지하고 있었던 것은 외부에서 편의에 따라 분류해놓은 타이틀에 불과하다는 것을. 그것은 지극히 가변적이고 나의 업을 설명하기에는 턱없이 부족하다는 것을, 내가 진짜 추구하고자 하는 세상을 보여주지 못한다는 것을. 그러므로 나를 'OO회사의 고용인'이 아닌 다른 이름으로 표현할 수 있어야 한다는 것을 말이다.

중요한 건 직장이 아니라 직업이다. 어느 직장에 다니는가가 아닌 무엇으로 벌어먹고 사는 사람인지, 무엇을 잘하고 앞으로 더 잘하고 싶은 건 무엇인지, 그 '업'에 대한 정의가 나를 설명해준다. 이것이 바로 '뉴 프로페셔널리즘'이다.

일과 인생은
구분되지 않는다

2008년 영국에서 시작된 특별한 학교가 있다. 소설가 알랭 드 보통이 설립한 '인생학교(The School of Life)'다. 삶의 의미와 살아가는 법에 대한 깊은 사유의 기회를 제공하는 게 이 학교의 설립 목표다. 인생학교 서울 캠퍼스에서 나도 오랫동안 강연한 적이 있다.

인생학교 프로젝트의 주제 중 하나는 '일'이다. '과연 우리 인생에서 일은 어떤 의미이며, 내 삶에서 그것을 어떻게 정의할 수 있을까?' 이에 대해 강연이 열리고 토론회가 진행되기도 했다. 그 결과물로 나온 책《인생학교: 일》에 19세기 프랑스 작가 샤토브리앙(François-René de Chateaubriand)이 일에 대해 말한 다음 구절이 나온다.

> 진정한 삶의 고수는 일과 놀이, 노동과 여가, 몸과 머리, 공부와 휴식을 명확하게 구분하지 않는다. 그는 두 가지 중 뭐가 뭔지도 잘 알지 못한다. 무엇을 하든 그저 탁월함을 추구하고 그에 걸맞게 완성할 뿐, 그것이 일인지 놀이인지는 타인의 판단에 맡긴다. 그 자신은 언제나 두 가지를 모두 하고 있다.

직장이라는 타이틀이 나를 설명하게 내버려두지 말아야 한다. 타이틀이 나를 설명해준다고 착각하는 순간, 우리는 더 중요한 것을 놓치게 된다. 내가 지키고 마음 쏟아야 할 것은 직장이나 타이틀이 아닌 나의 일이다.

일은 나의 것, 나의 세상이다. 타이틀이 바뀌어도 일은 그 자리에 있다. 꾸준히 내 것으로 만들고, 나아가 탁월하게 만들어야 할 대상이다. 내 인생은 나의 일을 통해 풍요로워지고 나의 일은 내 인생과 동행하게 될 것이다.

나답게 일한다는 것

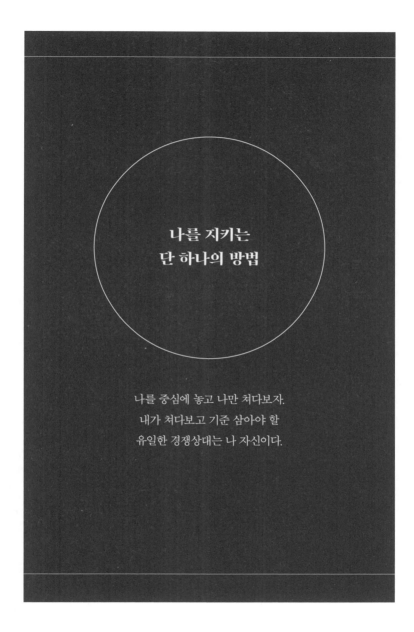

나를 지키는
단 하나의 방법

나를 중심에 놓고 나만 쳐다보자.
내가 쳐다보고 기준 삼아야 할
유일한 경쟁상대는 나 자신이다.

회사에서 상사와 잘 맞지 않아 느닷없이 인도로 떠난 후배가 있다. 당시 후배가 겪은 문제는 충분히 극복 가능한 일이었다. 하루 이틀 일한 사람도 아니고, 그 정도 갈등은 직장에서 충분히 예상 가능한 강도의 어려움이었다. 하지만 그는 극복하지 못했다. 아니 더 정확히 말하자면 극복하고 싶어 하지 않았던 것 같다. 마치 이미 충분히 지쳐버린 노새가 작은 소금 한 가마니에 털썩 주저앉아 더 이상 움직이기를 거부하듯이…. 그동안의 상처가 채 아물기도 전에 날아온 잽 한 방에 맥없이 스르륵 쓰러진 것이다.

평소 나는 그 후배에게 '제발 좀 이기적으로 살라'는 조언을 해주곤 했다. 이기적으로, 자기중심적으로 살지 않으면 어느 날 내가 내 발목을 잡아버리는 날이 오고 말 거라고.

최선을 다해
이기적이 되라

내가 나로 잘 살아내기 위해 가장 필요한 덕목은 철저한 이기심이다. 나는 이를 '이기적인 타산'이라고 말한다. 이기적인 타산은 타인을 수단 삼아 내 목적을 이루는 것이 아니다. 오히려 타인은 배제하고 오직 자신에게 집중하는 것이다. 모든 선택의 중심에 나를 두고, 책임도 스스로 지는 것을 뜻한다. 생존에 유리한 방향으로 진화를 거듭한 이기적인 유전자처럼, 내 생존에 필요한 관심과 열정을 오롯이 나한테 쏟아내는 것이 이기적 타산이다.

내가 잘나서 나를 중심에 둔다는 것도 아니다. 오히려 내가 약한 존재라는 걸 인정하고 그런 나를 세심하게 돌보는 태도를 의미한다. 때문에 삶과 관계의 우선순위에 나를 가장 먼저 둔다. 이는 나에게 솔직하며, 혼자만의 시간을 허하고, 나를 제대로 사랑하는 삶의 양식이다.

이런 의미에서 진정한 이기주의자는 자신의 삶을 과시하거나 타인의 박수를 받는 데 골몰하지 않는다. 타인을 위해 나의 삶을 희생시키고 있다는 피해의식에 사로잡혀 스스로를 괴롭히지도 않는다. 남과의 '비교'라는 못된 습성에서 자유롭다. 관심의 대상은 오직 '나' 자신이다. 건강한 공동체를 위해 노력하는 것도 소중한 나를 확장하는 것이기에 '나의 희생'을 담보로 하지 않는다.

이기성의 못난이 버전, 우월감과 열등감

우월주의와 이기적 타산은 리그가 다르다. 우월주의는 남과 비교해서 두드러지고 싶다는 열등감의 또 다른 표현이다. 반면 이기적 타산은 남을 끌어들이지 않는다. 우주의 에너지를 순전히 자신에게 돌리는 게 목적이다.

최고는 아니지만 고유한 가치를 가진 나, 남보다 빠르진 않지만 나만의 속도가 있는 나. 그 모습과 가치가 한없이 소중하고 귀하게 느껴진다. 그래서 나에게 집중하고 시간을 쏟고 갈고 닦게 된다. 이것이 바로 인생의 과정에서 우리가 지향해야 할 이기적 타산의 모습이다.

나 스스로를 사랑할 수 있어야 가족도 의미가 있다. 내가 바로 서야 공동체도 제구실을 할 수 있다. 협력과 수용의 선순환은 각자의 이기적 타산이 만족스럽게 이루어진 후에 가능해진다. 이기적인 사람은 필연적으로 가족과 친구들의 행복을 고려하고 공동체의 성공을 위해 애쓰게 된다. 그것이 자신의 이익과 잘 맞아떨어지기 때문이다.

계몽 철학의 선구자 존 로크(John Locke)는 근대 시민 모두에게 이기적으로 살 것을 주문했다. '개개인이 이기적으로 행동함으로써 자신의 이익을 극대화할 수 있도록 하는 노력이 건강한 공동체의 시작'임을 잘 알고 있었기 때문이다.

내 눈에는 오직
나만 보여야 한다

개인심리학의 창시자인 알프레드 아들러(Alfred Adler)의 이론을 바탕으로 한 《미움받을 용기》를 보면, "태어나는 순간부터 불행은 존재한다"라고 주장하는 젊은이에게 철학자가 이렇게 답변한다.

자네는 인생의 어느 단계에선가 '불행한 상태'를 택했어. 불행한 운명으로 태어나서 그런 것도, 불행한 상황에 처해서 그런 것도 아닐세. '불행한 상태'를 자신에게 '선(善)'이라고 판단했기 때문이지.

아들러는 불행한 사람의 공통점으로 '행복해질 용기'가 부족하다는 점을 꼽았다. 그들은 현재의 삶에 불만이 있어도 지금의 생활 양식을 버리지 않는다. 그편이 안심되기 때문이다. 대신 '만약 ~였더라면'이라는 비이성적 가정을 반복한다.

"돈 많은 부모 밑에서 태어났더라면…."

"키가 10센티미터만 더 컸더라면…."

"학창 시절 열심히 공부해서 더 좋은 대학에 갔더라면…."

"그때 무리해서라도 그 집을 샀더라면…."

지난 일을 후회하고 머릿속으로 무수히 많은 가정을 해본들 지금의 내게 어떤 도움이 되겠는가. 이는 내 삶의 주도성을 외부에 둔 채 끝없이 타인에게 무언가를 바라고, 내게 좋은 일이 일어나기만을 기다리는 비겁한 태도다. 이렇게 살다가는 평생 번호표 뽑고 기다리는 대기자 신세를 면치 못할 것이다.

나를 중심에 놓고 나만 쳐다보자. 망하는 것도 나고 흥하게 하는 것도 나다. 열등감도 내게서만 느끼자. 나를 경쟁상대로

두고 벌이는 대결은 치열할수록 좋고, 나를 넘어섬으로써 자아
는 더욱 확장된다. 어제와 달라진 나, 작년보다 나아가고 있는
나, 그것이 내가 쳐다보고 기준 삼아야 할 나의 유일한 경쟁상
대다.

오롯이 나와
마주하는 시간을 가져라

나의 내면과 소통하는 마음 근육을 키우려면
내 안을 자주 들여다보고 보살피고 껴안아 주면서
나와 마주앉는 고독의 시간이 필요하다.

나답게 일한다는 것

가끔 혼자 꽤 긴 산책을 한다. 강아지와 함께할 때도 있다. 서울은 걸을 곳이 참 많다. 25개의 구가 경쟁이라도 하듯 앞다퉈 멋진 산책길을 꾸며놓았다. '화랑길', '충효길', '경의선 숲길', '우면산 둘레길', '성곽 순례길', '안산 숲길'…. 이 길들을 따라 걷다가 주변 동네를 살피는 것도 큰 재미다.

느리게 느리게 걸으면서 골목길 풍경을 살핀다. 마당에 나와 있는 물건들을 보면서 어떤 사람들이 사는 곳인지, 동네 분위기는 어떤지 짐작해보곤 한다. 느리게 걸을수록 오래 멈춰 설수록 숨이 깊어지고, 숨이 깊어질수록 온갖 계획과 해결해야 할 문제로 꽉 차 있던 머리도 가벼워진다. 몸의 미세한 감각들도 깨어나 따뜻한 햇살과 여유로운 바람을 만끽한다.

고독과 마주하는 시간이
필요한 이유

혼자 영화를 보는 것도 나만의 오랜 리추얼이다. 영화를 본 후엔 근처 서점을 가거나 인스타그램 성지가 된 카페를 찾아가보기도 한다. 카페에 가서는 그냥 '멍 때린다'. 노트를 펼쳐 몇 자 적을 때도 있지만, 주로 아무것도 하지 않고 시간을 보낸다. 그러곤 나에게 물어본다. '넌 요즘 어떻게 지내니?' 나와 마주 앉아 의도적으로 나를 살피는 시간이다.

마주한 나의 모습은 내가 원치 않는 모습일 수도 있다. 실패에 좌절한 모습일 수도 있고, 속 좁고 옹졸한 모습일 수도 있다. 그것이 진실이라서 아플 때도 있고 받아들이기 힘들 때도 있다. 그럼에도 나에 대한 사랑은 스스로를 살피고 화해를 시도하는 것에서 시작할 수밖에 없다. 부족하고 못나서 외면하고 싶은 마음이 들더라도 말이다. 내가 나를 보살피지 못하면, 자꾸 외부의 관계에 의존하게 된다. 부족한 사랑을 남에게서 채우려고 하는 것이다. 그러나 타인의 사랑에 길들여질수록 나 자신과의 관계는 점점 멀어질 수밖에 없다. 내가 나를 아낄수록 외부의 평가로부터 자유로워지고 내가 인식하는 나의 가치도 확고해진다.

'나를 사랑한다'는 말의
진짜 의미

나를 사랑한다는 것은 나를 잘 아는 데서 출발한다. 나를 객관화하는 것이 첫 관문이다. 내가 할 수 있는 것과 할 수 없는 것, 좋아하는 것과 싫어하는 것, 잘하는 것과 서툰 것, 이로운 것과 해로운 것, 덤빌 때와 물러설 때 등 나의 특성과 고유함을 발견하고 진정으로 인정해주는 데서 사랑은 시작된다. '이런 사람이 되고 싶다'라는 욕망이나 '이런 사람으로 보일 거다'라는 희망적인 추측이 아닌 나를 객관적 시각에서 인정해주는 것이다.

자신을 객관화했다면 자신을 돌봐주는 단계로 넘어가야 한다. 어떻게 지내는지, 어디에 마음을 쏟고 있는지, 어떤 어려움이 있는지 들여다보고 챙겨줘야 한다. 어린아이 같은 감정도 그대로 인정해주고 뒤틀린 욕망에도 귀를 기울이자. 변명도 들어주고 하소연도 들어주고 들떠 있는 기분도 받아주자. 마음속 깊숙이 꽁꽁 감춰둔 감정들을 하나하나 이름 불러 나오게 한 뒤 존재를 인정해주고 바라봐주자.

우리의 감정은 무시한다고 사라지지 않는다. 서둘러 다른 생각으로 덮는다고 없어지지도 않는다. 남자 친구와 가슴 아픈 이별을 한 친구에게 서둘러 다른 남자를 만나보라는 조언은 어설프다. 우리의 모든 감정은 일정량의 '주목'을 필요로 한다. 그래야 건강하게 아물고 스스로 물러난다. 제대로 인정받지 못한 감정은 나의 의식에서 잠시 옆으로 있다가, 어느 순간 다시 튀어나와 더 큰 심술을 부리고 만다. 나도 모르는 새 켜켜이 쌓인 감정의 찌꺼기들은 치유하기 힘든 상처가 되어버린다.

자기 자신 외에는
누구도 될 필요가 없다

내 마음속에 전망 좋은 창가 자리를 하나쯤 만들어보자. 다른 사람의 간섭과 방해가 없는 나만의 세계와 시간이 흐르는 고유한 우주가 존재하는 나만의 방.

혼자 산다고 나를 자주 만나는 것은 아니다. 온종일 다른 생각으로만 가득 차 있다면, 타인과 외부로만 시선이 향해 있다면, 중요하지도 않은 분주함으로 하루를 때우고 있다면 나 자신과 마주하기는 더 힘들어진다.

나와 마주하는 시간과 경험을 통해 나 자신에게 더 가까이 가게 되고, 나를 발견하고 인정하며 진정으로 옹호할 수 있게 된다. 외부로 향하는 시선과 에너지를 나에게 돌릴 때 비로소 나의 내면은 어려움에 대응할 수 있는 마음 근육을 키우기 시작한다. 그것은 내가 나와 동행할 때만 가능한 일이다. 자주 들여다보고 보살피고 용서하고 껴안아 주면서 나와 마주 앉는 고독의 시간을 내게 허락해야 한다.

"우리는 자기 자신 외에는 어느 누구도 될 필요가 없다."

영원한 자유의 언니 버지니아 울프. 그녀의 단호한 말이 귓가에 들리는 듯하다.

진짜 나를
발견하고 싶다면

급변하는 세상에서 길을 잃지 않으려면
나다움이 무엇인지 알아야 한다.
스스로에게 질문하라.
나다움은 과연 무엇인가?

"전 자유로운 영혼, ISFP인데 어떤 유형이신가요?"
"재기발랄한 활동가, ENFP예요."

요즘 MZ세대가 첫인사처럼 주고받는 말이다. 잠깐 유행처럼 지나갈 것 같던 MBTI(마이어스-브릭스 유형 지표) 성격 유형의 열풍이 쉬 가라앉지 않고 있다. 한 번도 안 해본 사람은 있어도 한 번만 해본 사람은 없다는 말이 나올 만큼 젊은 층 사이에서 마니아적 인기몰이를 하더니, 심지어 자신의 몰랐던 점을 일깨워주는 '자아 탐구 문화'로 자리 잡았다는 말도 들린다. 처음 만난 사람에게 이름과 나이를 묻듯 MBTI 유형을 묻는 건 이제 일상이 되었다. 채용 공고에서 선호하는 MBTI를 밝히는 기업까지 등장했다고 하니 취업 스펙 중 하나가 된 셈이다.

모든 사람이
이렇게나 서로 달랐다니

오래전 맥킨지에서 일할 당시 MBTI 검사를 받았다. 우리나라에서는 아직 대중화되지 않았을 때였다. 대부분의 문항이 뭐라 답해야 할지 애매했지만 그럭저럭 답을 적었다. 그리고 컨설턴트로서는 비교적 안전한 'ENTJ'라는 성향을 낙점받았다. '대담한 통솔자'라는 닉네임이 붙어 있는 결과지에 그리 수긍되지는 않았다. 별로 대담하지도 않았고, 딱히 통솔하고 싶다는 생각도 없었으니까. '내가 이렇다고?'라면서 의아해했던 기억이 있다.

그런데 그 경험을 통해 내가 얻은 교훈은 '내가 어떻다'라는 진위성이 아닌 '사람들이 정말 이렇게 다 다르구나'라는 깨달음이었다. 맥킨지 컨설턴트들은 출신 학교나 공부한 이력 등 배경이 매우 비슷했다. 말투도 비슷하고 나이도 비슷한 동질성이 높은 집단이었다. 옆 동료의 친구가 내 친구인 경우도 허다했다. 그런데 대체로 비슷한 성향일 거라 짐작되는 집단 내에서도 MBTI의 결과는 매우 다양했다.

그건 일종의 충격이었다. 비슷한 방법으로 일하고 있었지만, 기본적인 성향과 욕구는 천차만별이었다. 각자 빛날 수 있는 상황이 달랐고, 편안함을 느끼며 능력의 최대치를 발휘할 수 있는 환경도 달랐다. 타인이 나처럼 생각하고 느끼고 행동하지 않는다는 걸 알게 해준, 각자 지닌 고유성으로 인해 생겨나는 다양성을 눈앞에서 확인한, 내 커리어 초기에 겪었던 의미 있는 충격이었다.

내 MBTI가 시간이 지남에 따라 변하는 것도 재미있는 발견이었다. 최근 다시 검사를 해보았더니 경계선에 있던 나의 E(extrovert, 외향성)는 I(introvert, 내향성) 성향으로 한 발짝 옮겨가 있었고, 강했던 T(thinking, 사고력)의 기질은 F(feeling, 감성)를 만나 경계선으로 이동했다. INFJ, 이제 나는 '선의의 옹호자'라 칭해진다. 글쎄, 이 역시 그리 편하게 받아들여지지는 않는다. 선의가 넘치는 사람이 될 자신도 없고, 무언가를 열심히 옹호하는 타입도 아닌 것 같다.

나에 대한 정답은
어디에서도 주어지지 않는다

MBTI가 유행하는 이유는 뭘까? 아마도 정답이 필요해서인 듯싶다. 내가 어떤 사람인지 알고 싶은데 잘 모르겠으니, 족집

게 강사가 나에 대한 해답을 속 시원히 알려줬으면 좋겠다는 마음. 그런 욕구가 한몫했을 것이다.

그러나 유감스럽게도 '나'라는 존재는 고정되어 있지 않다. 나도 모르는 새로움이 내재되어 있고, 새로운 자극으로 끊임없이 변화한다. 나는 무척이나 다양할뿐더러 늘 달라진다. 때문에 나에 대해 정답을 찾는 것은 쉬운 일이 아니며, 남이 해줄 수 있는 것은 더더욱 아니다.

그렇다면 내 멋대로 하는 것, 그게 나다움을 알아가는 과정일까? 그만두고 싶으면 그만두고, 안 만나고 싶으면 안 만나고, 가기 싫으면 안 가고… 마음이 이끄는 대로 충동적으로 생각하고 행동하는 것이 모여 '나다움'이 되는 걸까? 그 역시 아닐 테다. 그것들은 오히려 상실감을 가중시키며 자존감마저 갉아먹을 수 있다.

나다움을 발견하고
만들어가는 용기

나다움의 발견은 머릿속에서만 일어나는 사유가 아니다. 생각이 아닌 선택과 실행이 수반되어야 한다. 그래야 제대로 나를 파악할 수 있다. 새로움을 경험하고 성공과 실패, 감탄과 좌절을 반복하는 과정을 통해 나다움은 선명해진다. 그러므로 두려움이나 욕망이 노력의 동기가 되는 건 위험하다. 나를 똑바로 인지하는 객관화와 성찰에 대한 간절함이 바탕이 돼야 한다. 나를 인지하고, 공고히 하며, 실천을 통해 나를 확장하는 것. 이 여행길에는 나를 있는 그대로 인정하고, 받아들이며, 행동을 통해 확장하고자 하는 '용기'라는 친구가 필요하다.

　나를 발견하는 건 물론 쉽지 않다. 하지만 세상에서 가장 재미있는 소설을 읽듯 흥미로운 일이다. 그 소설을 읽으려면 어쨌든 책장을 펼쳐야 한다.

긍정과 행복에 대한 강박,

꾸준함과 한결같음에 대한 믿음,

명확한 목표와 실천 계획의 중요성.

세상이 옳다고 강요해온 것들이다.

이것들은 여전히 유효한 전략일까?

내게도 유의미한 가치로 작용할까?

모두에게 통용되는 무패의 성공 법칙이란 없다.

당연시 여겨온 것들을 의심하고 뒤집어봄으로써

지금 여기, 나에게 필요한 나만의 각을 다듬어라.

2장

통념을 뒤집는
새로운 성공 법칙

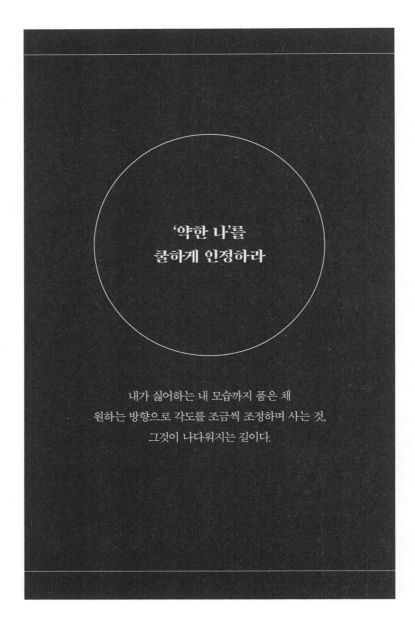

'약한 나'를
쿨하게 인정하라

내가 싫어하는 내 모습까지 품은 채
원하는 방향으로 각도를 조금씩 조정하며 사는 것,
그것이 나다워지는 길이다.

나답게 일한다는 것

'하면 된다!'

이런 건 좀 잊었으면 좋겠다.

'마음만 먹으면 뭐든 할 수 있다, 노력하면 안 되는 게 없다.' 책 속 위인들은 한결같이 이런 강철 의지로 현실을 이겨냈고, 성공한 사람들은 어떤 어려움이 닥쳐도 두려워하지 않았으며 한순간도 성공에 대한 의구심을 품은 적이 없어 보인다. 뒤도 안 돌아보고 직진하는 강철 멘탈만이 절대적인 성공 조건인 듯 지금도 회자되고 있다.

하지만 정말 그럴까? 어떻게 마음만 먹으면 다 된다는 걸까? 하면 되는 게 아니고 될 만하니까 한 거 아닐까? 개인의 노력과 의지가 불필요할 만큼 과대평가된 건 아닐까? 착한 사람 콤

플렉스 못지않게 '강한 사람 콤플렉스' 역시 위험한 불치병이
될 수 있다.

어린 시절 나를 옥죄던
강한 사람 콤플렉스

나 역시 강한 사람 콤플렉스에서 자유롭지 못했다. 더 강한 사
람이 되어야 한다고 생각했고, 그것은 나의 의사와 의지대로
밀고 나가는 것이라 믿었다. 약한 생각에는 틈을 주지 않았고,
나의 의지의 강도만큼 나의 능력도 비례해 성장하리라는 믿음
을 의심하지 않았다.

그러한 믿음은 나를 어딘가에 빠르게 도착하도록 만들었다.
명문대 졸업, 박사 학위 취득, 글로벌 컨설팅 회사 취업, 최연소
팀장, 그리고 대기업 임원….

그러나 숨이 턱 끝까지 차오를 만큼 가열차게 달려가 도착한
곳은 또 다른 시작으로 연결되었고 더 강한 노력을 요구했다.
새로운 환경과 낯선 문제들 앞에서 좌절도 실패도 겪었다. '파
이팅 정신'과 끝없이 나를 몰아붙이는 노력만으로는 전진하기
힘든 상황이 무수히 많았다.

내 근원적인 질문은 날이 갈수록 커졌다. 내가 바라는 내 모습은 오래도록 만족감을 느끼면서 하고 싶은 일을 하는 것이었다. 그런데 지금의 파이팅이 언제까지 그 화력을 유지할 수 있을지 자신이 없었다. 그 모든 것에 앞서 '나는 강하다'는 믿음이 과연 사실인가에 대해서도 의구심이 들었다.

아끼던 직원의 사직서에 세상이 무너진 듯 흔들리고, 잘못된 판단으로 인한 실수 하나에 밤잠을 설치고, 회의에서 못다한 말이 떠올라 때늦은 후회를 하다가 매일 운전하며 다니는 출퇴근길조차 잘못 들어서는 나였다. 귀도 얇고, 변덕도 있고, 마음도 약하고, 지나치게 정에 이끌리는 데다 작심삼일을 못 넘기는 의지박약인 나. 진짜 나는, 의지를 불태우지만 동시에 한없이 찌질한 존재였다.

나는 강한 척했지만 쉽게 상처받았다. 상처에서 헤어나지 못한 채 안으로만 켜켜이 쌓아놓은 수많은 번민과 괴로움이 언제 폭발할지 몰랐다. 그 독소가 내 에너지를 고갈시키며 자꾸 자문하게 만들었다.

'나는 정말 강한 사람인가?'

찌질해도 괜찮아
내가 알고 있으니까

LG전자 재직 시절, 우리 팀에서 기획한 냉장고가 대히트를 쳤다. 인도의 한 마을로 가서 집집마다 관찰 카메라를 설치해놓고 소비자들의 사용 실태를 관찰했다. 라이프 스타일의 특이점을 연구하고 제품의 특성과 연결시킨 아이디어들을 도출해냈다. 결과는 대성공. 현지화에 성공한 님버스 냉장고는 인도 시장에서 엄청난 매출액을 올렸다. '역시 우리 팀이 해낼 줄 알았어!'라며 우쭐했다. 내가 증명됐다는 사실에 마냥 좋았고 그 순간엔 세상 누구도 부럽지 않았다.

하지만 다음 날은 분위기가 반전되었다. 사장님이 참석하는 대규모 회의 자리에서 야심 차게 기획한 마케팅 아이디어가 무참히 깨졌다. 기술적으로 구현하기 어려워 영업 현장에서 활용도가 떨어진다는 것이었다. 게다가 최신 데이터로 업데이트한 줄 알았던 영업 자료는 큰 화면에 띄워놓고 보니 도통 앞뒤가 맞지 않았다. 그 순간 세상에서 가장 비참한 사람은 나였다.

내 감정은 일과 나를 구별하지 못한 채 롤러코스터를 타고 있었다. 일이 잘되면 내가 증명되었다 여겼고, 일이 잘 안 되면 내가 거부당했다 느꼈다. '일희일비하지 말자, 감정을 다스리자,

평정심을 갖자' 마음속으로 무수히 외쳤으나 공허한 메아리일 뿐이었다.

그런데 해결은 엉뚱한 곳에서 시작되었다. 마음을 다스리자는 외침에도 꿈쩍 않던 내 감정이, 내가 얼마나 약한 사람인지 깨닫고 나니 달라지기 시작했다. 나 자신이 정말 찌질하다는 것을 제대로 인정하니 부정적인 감정이 비실비실 자리를 비켜섰다. '이래야 돼'라고 밀어붙일 게 아니라 '많이 힘들었겠구나, 자꾸 생각나지? 맞아. 그건 어려운 일이지. 충분히 그럴 수 있어'라며 들여다봐주고 인정해주니 달라졌다.

일이 잘되어갈 때 느꼈던 우쭐함도, 망친 일에 대한 참담함도 결국 내가 약하다는 것에 대한 반증임을 이해하자 감정의 소용돌이도 잦아들었다. 대신 그 자리에는 객관적인 이성이 자리를 잡았다. 더불어 회복에 필요한 에너지도 함께 생겨나기 시작했다.

약함을 아는 것이
진짜 강함이다

그 무렵 나는 약하고 찌질한 나의 모습에 대한 구원을 정신분석학에서 찾곤 했다. 특히 프로이트와 융, 아들러 이들 세 심리학자의 생각과 가르침에 큰 도움을 받았다. 지금까지도 인간의 심리를 이해하고 분석하는 접근은 이 세 사람의 철학적 기저에서 크게 벗어나지 않는다고 해도 과언이 아니다.

지그문트 프로이트(Sigmund Freud)는 각자의 무의식에 집중해 줄 것을 요구한다. 진정한 자존감과 힘은 우리가 미처 눈길을 주지 못하는 무의식 속에서 자라고 지배된다는 논리다. 우리는 과거에서 자유롭지 못하고, 과거에 일어난 정신적 외상인 트라우마가 다각도로 투영된 현재를 살고 있다고 설파한다. 이것이 프로이트의 '원인론'이다.

칼 구스타브 융(Carl Gustav Jung)은 프로이트의 이론에서 좀 더 나아가 개체 간의 이질성에 주목했다. 내향적 성향, 외향적 성향의 구분도 그가 제안한 개념이다. 페르소나란 개념도 융이 처음으로 설파했다. 생존을 위한 방어기제로 인간은 여러 가지 페르소나를 갖고 있으며, 그걸 적재적소에 활용하는 능력으로 삶의 균형이 완성될 수 있다고 보았다.

아들러는 프로이트의 제자였지만 원인론에 대한 생각은 그와 달랐다. 인간은 트라우마에만 영향받지 않는다고 여겼다. 가령 '어떤 사람이 사회에 적응하지 못하는 건 어릴 적 학대를 받았기 때문'이라고 해석하는 건 프로이트의 원인론이다. 반면 '사회에 나온 후 다른 사람과 관계를 맺고 싶지 않아 어릴 때 학대받은

나답게 일한다는 것

기억을 꺼내는 것'이라고 해석하는 게 아들러의 목적론이다.

의사였던 아들러는 실제로 환자들을 치유하며 트라우마에서 벗어나는 모습을 많이 목격했다. 따라서 트라우마가 '어떤 목적이나 의미를 갖고' 발동하느냐에 집중했다. 프로이트가 트라우마를 내세워 '당신 불안은 당신 탓이 아니다'라고 위로한다면, 아들러는 '당신이 느끼는 불안은 당신 스스로 선택한 것'이라고 말한다. 아들러는 현재와 미래 그리고 의식을 통해서 답을 찾으려 했다고 볼 수 있다.

각론에 있어서는 서로 다른 주장을 펼치고 있지만 이들 세 학자가 말하는 핵심은 결국 같다. 인간은 불완전한 존재라는 것. 우리는 완벽하고 강한 존재가 아니라는 것이다. 동시에 약하고 불완전함에도 성장하기 위해 끊임없이 나아가는 존재이며 거기에서부터 개인의 위대함이 만들어진다고 보았다.

나만의 속도로 갈 수 있다면
그때 진짜 강자가 된다

얼마 전 한 월간지 인터뷰에서, 오랫동안 자신의 일을 해올 수 있었던 비결이 무엇이냐는 질문을 받았다. 나만의 답을 주기 위해 잠깐 시간을 달라고 청했다. 짧은 시간 고민한 끝에 이렇게 답했다.

"이렇다 할 비결은 없는 것 같은데… 굳이 꼽아본다면 딱 하나인 것 같아요. 저는 제가 얼마나 약하고 찌질한지 알고 있는 것 같습니다."

인터뷰를 하던 기자가 놀란 표정으로 말했다.

"여태 수많은 인터뷰를 진행했지만 그런 비결을 말하시는 분은 한 분도 없었어요. 왠지 제 마음이 울컥하네요."

나답다는 건 모든 걸 포함한다. 나라는 존재는 찌질했다가 당당하기도 하고, 비열했다가 정의롭기도 하다. 나도 싫어하는 내 모습까지 품은 채, 내가 원하는 방향으로 각도를 조금씩 조정하며 사는 것이 중요하다고 생각한다. 그것이 나다워지는 길이다. 마음에 쿠션을 두고 충격을 흡수하며 나만의 속도로 갈 수 있으면 된다.

우리가 갈 길은 멀고 험하다. 강해야 한다는 강박, 무대의 중앙에 서서 무언가를 증명해내야 한다는 강박은 그 여정에 방해가 될 뿐이다. 우리는 강하지도 않고 강할 필요도 없다. 강하면 부러진다. 안 맞아도 될 매를 먼저 맞는다.

진짜 강한 사람은 의심 없는 의지로 중무장한 채 뒤돌아보지 않고 전진하는 사람이 아니다. 무대 중앙에서 온갖 스포트

라이트를 받는 사람은 더더욱 아니다. 오히려 위아래로 오르내리는 사람이다. 잘되다가도 안 되기를 반복하면서 부단히 자기 길을 가는 사람이다. 두 발 앞섰다가 한발 물러서도 포기하지 않고 비틀비틀 다시 걸음을 내딛는 사람이다. 중심을 지키며 지속적인 힘을 보이는 사람이다. 한쪽 구석에서 나와 주변을 살피며 조용히 무대 중앙을 바라보며 웃고 있는 사람, 그 사람이 진짜 강자다.

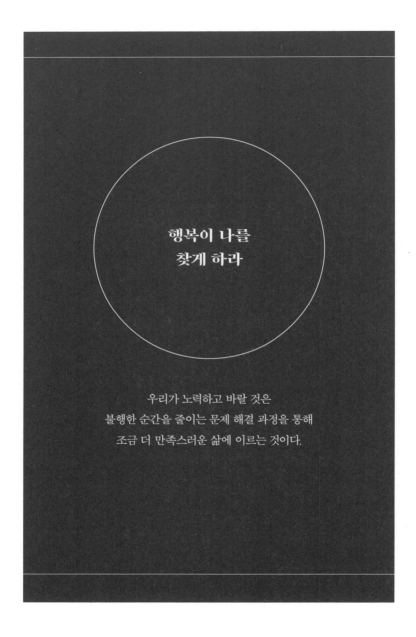

행복이 나를
찾게 하라

우리가 노력하고 바랄 것은
불행한 순간을 줄이는 문제 해결 과정을 통해
조금 더 만족스러운 삶에 이르는 것이다.

인스타그램을 비롯한 각종 SNS에는 행복해 보이는 사진들로 넘쳐난다. 최신 인테리어와 유명 화가의 작품으로 꾸며진 집, 셰프급 비주얼로 세팅된 음식, 계산된 각도로 놓인 명품 가방, 영화에나 등장할 법한 멋진 풍경, 셀럽들과의 만남, 게다가 남친의 훌륭한 외모와 화목함으로 도배된 가족사진까지.

인스타그램에서 '#행복'으로 검색해보니 1,200만 개 이상의 게시물이 뜬다. '어쩌면 저렇게 즐거워 보일까?' 감탄하며 보게 된다. 동시에 이런 의문도 든다. 과연 보이는 것만큼 행복할까? 애써 추구해 보여주지 못하면 행복이라 부를 수 없을까? 행복은 목적이 될 수 있을까?

행복해져야만 한다는
절대적인 강박

너도나도 행복을 외치고 있다. 행복하게 보여지는 것이 일종의 '집착'이 되고 있는 느낌이다. 그런데 정작 "당신이 생각하는 행복이 무엇인가요?"라고 물으면 제대로 대답하는 사람이 많지 않다. "어떻게 해야 행복해질까요?"라는 질문에 대해서도 마찬가지다.

"행복은 마음먹기만의 문제가 아니다."

서울대 심리학과 최인철 교수의 말이다. 한번은 사석에서 그분을 뵈었는데 '행복해져야만 한다는 강박'이 갖는 문제에 대해 이야기를 나누었다. 마음으로 굳은 결심을 한다고 행복이 찾아오는 것이 아니라, 행복해지기 위한 태도와 행동의 전환이 따라주어야 한다는 게 그날 이야기의 핵심이었다.

"결심만 할 게 아니라 구체적인 노력을 해야 합니다. 내가 뭔가에 집중하고 싶다면 '집중하자'라고 결심할 게 아니라 집중이 잘되는 공간을 창출해야 해요."

서은국 연세대 심리학과 교수는 "행복은 생존을 위한 지침서일 뿐 상장이 아니다"라고 일침을 놓는다. 건강한 삶을 위해서는 행복해야 한다는 환상에서 적극적으로 벗어날 필요가 있다는 뜻이다. 또한 행복해지고 싶어서 분주히 뛰어다니는 행복 강박증의 피로도가 위험 수준에 이르렀다고 지적했다. 불행도 삶의 일부인데 행복한 모습만 추구하게 되면, 현실의 다른 부분을 회피하게 된다. 그러면 결국 인생을 제대로 판단하고 대응하는 능력이 떨어질 수밖에 없다는 것이다.

누군가 이런 질문을 할지도 모르겠다. "매일 징징대며 비관하는 것보다, 최면을 거는 것일지라도 행복 주문, 긍정 주문을 외우는 게 낫지 않나요?"

물론 삶의 어두움을 매일 들여다보면서 비관하는 건 옳지 않다. 다만 강박적으로 주입된 긍정과 행복이 우리로 하여금 극단으로 치닫게 하는 위험한 요소임을 알 필요가 있다. 그것은 자신의 가치관과 판단력이 개입할 틈도 없이 타자에 의해 디폴트 값처럼 입력된 것이기 때문이다.

불행을 줄여나가면서
하나씩 마주치는 것이 행복

UN 세계행복보고서에 따르면 한국인의 행복지수는 2015년 47위에서 2020년 61위로 하락했다. 그뿐 아니다. 2021년 통계청이 발표한 '2020년 출생·사망통계 잠정 결과'를 보면, 합계출산율은 0.84명으로 세계에서도 가장 낮은 수준이다. 젊은 사람들의 극단적 선택은 OECD 국가 중 가장 높은 수치를 보이고 있다. 강박적으로 외치는 행복 이면의 현실이 어떤지 명확하게 보여주는 지표들이다.

매일매일 행복해야 한다는 주문을 외우면서 타인에게 보여지는 행복에 강박적으로 집착하게 되면 삶의 다양성에 대한 수용력을 스스로 떨어뜨릴 위험이 있다. 보여주고 싶은 부분만 부각하다 보면 욕망은 갈수록 커지고, 더 강한 자극과 더 선명한 증명으로 스스로를 위안하려 든다. 급기야 가짜일지언정 포장되고 꾸며진 모습에서 행복을 찾으려 하고, 그것이 달성되지 않으면 스스로 실패했다고 생각하게 된다.

행복은 누군가에게 증명해 보이는 게 아니다. 삶의 성적표도 아니다. 행복은 그저 삶의 과정에서 우리가 얻게 되는 축복 같은 부산물이다. 삶에는 행복도 있고, 그만큼의 불행도 있다. 아니 어쩌면 행복보다 불행이 더 많을지 모른다. 인생이란 괴로움의 연속이고, 행복은 광고처럼 짧다는 어느 영화의 대사처럼 말이다. 행복을 추구한다는 것은 내 삶의 불행을 조금씩 줄여가고, 하나씩 제거하는 과정을 밟는 일이다. 우리가 노력하고 바랄 것은 불행한 순간들을 줄이는 문제해결 과정을 통해 조금 더 만족스러운 삶에 이르는 것이다.

행복이 나의 또 다른 우상이 되게 하지 말자. 불행을 줄이면 남는 게 행복. 딱 그 정도가 진짜 행복이라고 여겨보면 어떨까.

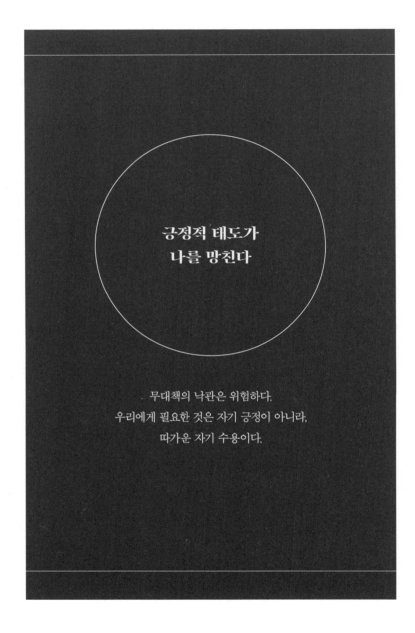

긍정적 태도가
나를 망친다

무대책의 낙관은 위험하다.
우리에게 필요한 것은 자기 긍정이 아니라,
따가운 자기 수용이다.

나답게 일한다는 것

"선배도 알다시피 나는 나에 대해 정말 긍정적이잖아. '결국에 다 잘될 거야'라고 매일 마음속으로 외치면서 파이팅하려 노력하고, 다른 사람의 태도가 마음에 안 들어도 긍정적으로 생각하며 넘어가고…. 그런데 왜 마음은 점점 더 힘들어지는 걸까? 긍정적인 건 좋은 건데 요즘은 이런 내가 싫어져. 상황을 제대로 보고 있는 것 같지도 않고. 이거 맞는 거야?"

착하고 선한 후배가 징징거린다. 웬만한 일에는 화도 잘 안 내고, 어려운 사업 환경에서도 오뚝이 같은 끈기를 보여주던 후배. 조금은 핼쑥해진 얼굴을 쳐다보며 나는 까칠하게 답했다. "대책 없는 낙관과 무조건적인 긍정이 너를 좀먹고 있는 거야! 긍정적이지 마. 너는 긍정할 대상이 아니야. 있는 그대로 수용할 대상이라고."

'자기 긍정'이 아닌
'자기 수용'을 하라

바버라 에런라이크(Barbara Ehrenreich)의 《긍정의 배신》에 상당히 공감했다. 이 책은 긍정이 어떻게 우리 눈을 멀게 하고 뒤통수를 치는지에 대해 심도 있게 다룬다. 잘될 거라는 막연한 낙관이 얼마나 무의미한지 이렇게 설명하고 있다.

> 삶은 영원한 축하 무대가 될 것이고 모든 사람이 무대 위에서 재능을 발휘할 것이다. 하지만 단지 희망하는 것만으로 그런 축복받은 상태에 이를 수는 없다. 우리는 스스로 초래했거나 자연 세계에 놓여 있는 무시무시한 장애물과 싸우기 위해 정신을 바싹 차려야 한다. 긍정적 사고라는 대중적 환상에서 깨어나는 것이 그 첫걸음이 될 것이다.

삶을 긍정하는 태도 자체를 배척하자는 건 아니다. '모두 잘될 것'이라는 무대책의 낙관에서 벗어나자는 말이다. 우리에게 필요한 것은 막연한 자기 긍정이 아니라, 따갑고 냉철한 자기 수용이다.

예를 들어보자. 원하던 회사에 면접을 봤는데 떨어졌다. 자기 긍정에 도취된 사람은 이렇게 말한다. "오늘 운이 정말 나빴어. 그 회사 사람들은 정말 보는 눈이 없네. 잊어버리고 화이팅하자. 다 잘될 거야." 이런 태도는 순간의 좌절감을 위로할 수는 있겠지만 장기적으로 볼 때 성장과 발전을 이루기는 어렵다.

자신의 부족함을, 실패했다는 사실을 있는 그대로 받아들이는 태도가 필요하다. 나아가 이 실패가 다른 성공을 열어준다는 것도 인지해야 한다. '이 회사가 원하는 스킬은 ○○이었는데 그 부분이 내겐 부족해. 정보 부족으로 내가 판단을 잘못한 결과야. 다른 방법을 찾아봐야겠어. 내게 맞는 기회는 따로 있을 거야.'

'자기 긍정'은 스스로에게 최면을 걸어 의식을 마비시키고 현실 감각을 둔화시킨다. 일종의 눈가림 현상이자 도피다. 이 지점에서 긍정은 나르시시즘으로 연결된다. 이는 자기 우월감의 또 다른 이름이다. 자기 우월감이 높은 사람들은 대체로 타인에게 자기를 과시하는 데 집중하고, 수치심과 죄의식에 대해 둔감하다. 자기 긍정이 지나칠 때 빠지기 쉬운 함정이다.

'자기 수용'은 자신을 명확하게 인지하고 인정하는 것에서 출발한다. 잘하는 것과 못하는 것, 나에게 맞는 것과 그렇지 않은 것을 인정하는 것이다. 세상의 박수가 아무리 커도 내 떡이 아니면 그만이다. 우린 그저 각기 다른 재능과 성향, 환경을 갖고 있을 뿐이다.

나를 지키는 강력한 무기
'자기 수용'

자기 수용이 잘 되는 사람들은 열패감의 구렁에 빠지지 않는다. 이번 면접이 실패한 것이지, 내가 실패한 것은 아니라는 것을 잘 안다. 그래서 쉽게 자존감이 무너지지 않는다. 실패의 원인을 구체적으로 인정하고 대신 더 잘할 수 있는 방법을 적극적으로 찾는 쪽을 택한다. 시간이 부족했다면 자신에게 시간을 주는 용기도 갖는다. 기술이나 지식의 부족함이 문제라면 보충할 방법을 모색한다. 이것이 내 떡이 아니라면 다른 접근 방식을 찾아본다.

자기 수용은 부족한 자신을 있는 그대로 인정해주고 나아갈 방법을 모색하는 적극적 태도다. 그건 철저한 자기 분석과 부지런함이 바탕이 돼야 가능하다. 막연한 자기 긍정이 아닌 냉

정한 자기 수용에 열심을 다하자. 초롱초롱 두 눈을 뜨고 내가
받아들여야 할 나, 미처 발견하지 못한 나에 대해 탐색을 시작
할 때다. 더 늦기 전에.

자존감을 키우려면
자존심부터 버려라

기획안을 거절당해 자존심이 상한 적 있는가.
그 거절은 나에 대한 거절이 아니다.
상황과 나를, 타인과 나를 구분해내야 한다.

한번은 방송사에 특강을 하러 갔는데 주최 측의 준비가 영 부실했다. 콘티도 업데이트되어 있지 않았고, 촬영이 계속 지연돼 예상보다 훨씬 긴 시간을 묶여 있어야 했다. 다른 출연자들의 보충 장면을 먼저 찍으면서 나는 점점 뒤로 밀리는 느낌이었다. 이래저래 달갑지 않았다.

하지만 '뭐 나름의 사정이 있겠지' 하고선 떨쳐버렸다. 좋은 강의를 하는 게 목적이지 극진한 대접을 받으러 간 건 아니니까. '저 사람한테는 저렇게 해주고 나한테는 왜 안 해주지? 뭐야, 나 무시하는 거야?' 이렇게 마음이 뒤틀렸다면 그날 강의는 망쳤을 게 뻔하다. 나의 감정이 태도가 되어 훼방을 놓았을 테니 말이다.

자존심을 내세울수록
상처는 깊어진다

사소하더라도 자신을 깎아내리는 듯한 말에 유달리 날카로운 반응을 보이는 사람들이 있다. 실상은 별 관련도 없는 얘기인데 발끈한다. "과장님이 사는 아파트 상가에 우연히 가보았는데, 상가에서 나오는 주차장 입구가 좀 위험하더라고요." 가볍게 던진 이런 얘기 하나에도 감정이 상한다. 그래서 대번에 맞받아친다. "무슨 소리야, 거기 괜찮아. 윤 대리가 마포 쪽 길이 낯설어서였겠지. 그 동네 아파트들이 얼마나 제대로인데." 자신과 관련된 부분에서는 어느 것 하나도 부족함이 없어야 한다는 듯한 태도다.

유독 '자존심 상해'라는 말을 자주 쓰는 사람들도 있다. 사소한 일에도 자존심 상해서 못 하겠다고 말한다. 왜 그 지점에서 자존심이 튀어나오는지 이해하기 어렵다. 그런 이들은 매우 창의적인 시각으로 자존심을 들먹거린다. "나보고 착한 인상이래. 일은 잘 못할 거 같다는 뜻 아니겠어? 자존심 상해 정말." 상대가 어떤 생각과 의도로 그런 말을 했을지 추측하면서 자신의 소중한 자존심에 상처를 낸다. 듣는 입장에서는 그저 황당할 뿐이다. '참 이상한 쪽으로 창의적이네. 남의 속을 어떻게 안다고.' 그런 사람 앞에서는 나도 말을 아끼게 된다.

자존심은 어떻게 우리를
위험에 빠뜨리는가

자존심을 자주 들먹이는 사람들을 관찰해보면 외부 지향성이 강하다는 것을 알 수 있다. 보여지는 것, 즉 타인이 자신을 어떻게 여기고 있을 것인지 추측하는 데 민감하다. 자신을 타인에게 증명해 보이고 인정받는 걸 중시하는 이들의 특성이기도 하다. 그리고 이러한 증명에 작은 생채기라도 나면 얼굴빛을 바꾸며 펄쩍 뛰곤 한다.

그들은 자신을 좋아하고 인정해주는 사람에 대해서는 극도의 상냥함을 보인다. 반대로 그렇지 않은 사람들에게는 지나치게 예민하게 판단하고 반응한다. 그런 사람이 내 주변인이라면 이런 생각이 들지 않을까? '내 편이라 망정이지 상대편이었다면 아휴, 생각만 해도 끔찍해.'

반면 외부 지향성이 낮은 사람은 타인의 인정에서 비교적 자유롭다. 관심의 초점이 타인이 아닌 내 생각과 감정, 내 기준에 맞춰져 있다. 따라서 타인의 칭찬이나 인정이 없더라도 내가 해야 할 일, 해낸 일에 대해 자부심을 느낀다. 나를 둘러싼 외부적 요인들이 곧 나 자신이 되는 것은 아니기에 사소한 깎아내림 정도는 눈치채지도 못하고 지나친다.

언뜻 보면 무디고 무심한 듯 보이기도 한다. 내면의 에너지가 강한 사람이라 작은 환경 변화에 일희일비하지 않고 삶을 편안하게 꾸려간다. 무엇보다 그런 사람 앞에서는 어떤 이야기든 스스럼없이 할 수 있게 된다. 조금 불편한 이야기도 재미있게 받아줄 것임을 알기 때문이다.

자존감은 나를 증명하는 것이 아닌
나를 제대로 표현하는 것

자존심은 외부적으로 나를 증명하는 것과 관련이 깊고, 자존감은 나를 표현하는 것과 관련이 깊다. 자존심의 기저에는 '내가 모든 걸 안다'라거나 '내가 옳다'라는 생각이 깔려 있다면, 자존감의 기저에는 '내가 아는 만큼만 안다'라는 생각이 존재한다. 그러다 보니 자존감이 강할수록 누구에게나 배울 수 있는 열린 마음을 갖게 된다.

사람들은 생김새가 제각각인 것처럼 생각, 취향, 표현 방식도 모두 다르다. 당연한 일이다. 자존감이 강한 이들은 이 차이를 인정하고 받아들인다. 기획안이 탈락하고, 제안이 거부당하고, 사랑이 이루어지지 않아도 받아들일 수 있는 힘이 있다. 상대와 내가 같은 생각, 같은 마음일 수 없음을 수용한다. 나의 감정이나 아이디어가 거부된 것이지 내가 부인된 것은 아님을 안다. 이처럼 자존감은 나와 남을 동시에 존중하는 태도다.

자존감이 약한 사람들은 그 사람이 나와 다르다는 것을 인정하고 받아들이는 게 쉽지 않다.

'대체 내 기획안이 뭐가 문제야? 지금 나를 무시하려고 일부러 저러는 거지?', '어떻게 내 사랑을 거부할 수 있어? 왜 너는 나를 사랑하지 않는 거야?'

작은 거절조차 모두 자신에 대한 부정으로 다가와 이렇게 분노를 터트린다. 상처받고 저주하는 악순환이 되풀이된다. 나만 존중하고 남은 존중하지 않는 태도가 마음속 깊이 자리 잡고 있기 때문이다.

우리는 자주 거절당하고 무시당한다. 그러나 그 거절은 나에 대한 거절이 아니다. 나의 기획안이 탈락했을 뿐 나라는 인간이 탈락한 것은 아니다. 나의 청혼이 거절당했을 뿐 내가 거절당한 것은 아니다. 그 시점에서 나는 그 사람과 결혼할 상대가 아니었을 뿐이다. 어쩌겠는가? 그냥 그렇게 되었을 뿐인 것을.

상황과 나를, 타인과 나를 구분해내야 한다. 나는 증명되는 존재가 아닌 스스로 표현하는 존재라는 것을 잊지 말아야 한다. 그렇게 우리는 위험한 자존심을 버리고 필요한 자존감으로 무장할 수 있다.

나답게 일한다는 것

절대,
기대에 부응하지 마라

우리는 모두 유일한 존재이니
하나의 존재로서 존재하면 그것만으로 충분하다.
나는 나의 기대에 부응하며 살면 된다.

어린 시절 나는 명절을 기다렸다. 친지분들이 돌아가면서 주시던 두둑한 용돈 때문이다. 그러나 동시에 명절을 기다리지 않았다. 어린아이에게도 명절 증후군은 혹독했다. 명절은 나에게 피하고 싶은 시간이었다.

형제가 많은 집안의 맏아들인 아버지 덕분에 명절이면 우리집은 늘 떠들썩하고 흥겨웠다. 친척들이 다 모이면 아이들만 20여 명에 가까운 대가족이었다. 외가 쪽도 상황은 비슷했다. 모이기 좋아하고 놀기 좋아했던 터라 6촌 넘어 사돈네까지 한 집에 모여 해가 저물도록 명절을 즐겼다. 어쩌다 누가 결혼이라도 하게 되면 하루도 모자라 다음날까지 잔치가 이어지기도 했다.

만일 내가
진짜 내 마음을 말했더라면

또래 중 나는 가장 큰 아이였다. 친척 어른들은 내가 맏이로서 아이들을 잘 통솔할 거라 믿었고, 이를 당연시 여겼다. 학교에서도 늘 반장과 회장을 놓치지 않으니 동생들도 잘 이끌 거라 기대한 것이다.

 "아이고 명화 많이 컸네, 공부 잘하지? 동생들 데리고 잘 놀아줘. 공부 잘하는 반장이니 잘하겠지. 명화가 있으니 동생들이 사고도 안 치는 거야. 든든하다."

 어른들의 칭찬은 기분 좋기도 했지만 한편으론 부담스러웠다. '나도 놀고 싶은데… 동생들에게 뭐라 하기 싫은데.' 하지만 그런 생각도 잠시, 어느새 어른들의 기대에 어긋나지 않으려 나는 온갖 노력을 다하고 있었다. 동생들을 챙기고, 놀거리를 만들어 조용히 있게 하고, 싸움을 말리고… 누구 하나 다치기라도 할까 봐 눈을 떼지 못했다.

 명절날 가족 모임은 늘 늦은 밤이 되어서야 끝났고, 우리는 자다가 일어나 부스스한 머리를 하고 집으로 향해야 했다. 누구 하나 나의 애끓는 노력에 대해 칭찬해주지 않았다. 나는 당연히 할 일을 한 것이고, 다음 명절에도 같은 수고를 해야 할

터였다. 나의 동기는 오로지 하나, '어른들을 실망시키고 싶지 않다'는 나의 욕망이었다. 나는 그 욕망의 노예였다.

어릴 적 그 기억은 두고두고 나에게 생각할 거리를 제공했다. 타인의 기대에 부응하려 할수록, 그들의 인정을 바랄수록 내면의 즐거움이 사라지던 기억이 생생했다. 내가 정말 원하는 것이 무엇인지 생각해볼 시도조차 하지 못하고, 입을 열어 말해보지도 못한 갑갑했던 기억. 그 기억은 타인의 시선에서 벗어나 나의 욕구를 알아차리고 표현하는 것의 중요함을 깊이 깨닫게 해주었다.

어렸지만 알아차렸어야 했다. 내가 얼마나 그 일을 싫어하는지를. 그리고 엄마를 붙잡고 말했어야 했다. 나도 동생들을 돌보는 대신 신나게 놀고 싶다고. 이런 식이라면 명절날 다시는 따라나서지 않겠다고 말이다.

솔직하게 말했더라면 엄마는 분명 방법을 찾아보셨을 것이다. 큰아이들 몇 명에게 역할을 나누어주거나, 막내 삼촌을 총책임자로 임명해서 내 책임을 덜어줄 수도 있었으리라. 이도 저도 안 되면 용돈이라도 올려주셨을 터다. 어떤 경우든 침묵보다는 나았을 것이다.

무한한 가치를 품은
세상에서 유일한 나

얼마 전 소설 《미드나잇 라이브러리》에서 아주 마음에 드는 구절을 발견했다. 주인공이 건넨 이 말은 내가 생각하는 존재에 관한 의미를 감동적으로 정의해준다.

> 우리는 한 사람이기만 하면 된다. 한 존재만 느끼면 된다. 모든 것이 되기 위해 모든 일을 할 필요는 없다. 왜냐하면 우리는 이미 무한하기 때문이다.

"모든 것이 되기 위해 모든 일을 할 필요는 없다." 죽기로 결심했던 주인공 노라가 다시 살아보기로 마음먹고 적어내려간 글이 쾅하고 내 심금을 울렸다.

기억하라. 우리는 모두 유일하면서 동시에 무한한 존재다. 남의 기대에 부응하는 일 따위는 잊어버리자. 나는 나의 기대에 부응하며 살아내면 된다. 그것이 나를 지키고 동시에 타인을 사랑하는 일이다. 우리는 이미 무한하기에 하나의 존재로서 존재하면 그것만으로도 충분하다.

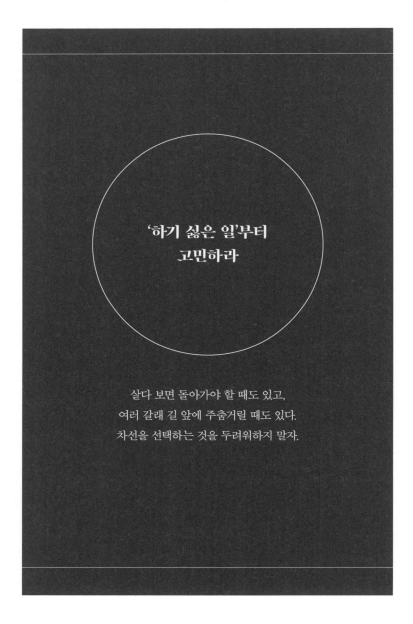

'하기 싫은 일'부터
고민하라

살다 보면 돌아가야 할 때도 있고,
여러 갈래 길 앞에 주춤거릴 때도 있다.
차선을 선택하는 것을 두려워하지 말자.

나답게 일한다는 것

"사랑이란, 좋아하는 것을 해줄 때보다 싫어하는 것을 하지 않을 때 신뢰를 얻을 수 있습니다."

무릎을 치며 탄성을 내지른 문장이다. 두산 재직 시절 '사람이 미래다'라는 기업 광고 캠페인을 집행했다. 이 캠페인은 당시 대학생들이 가장 좋아하는 광고 1위에 선정되었다. 덕분에 두산의 기업 브랜드 선호도도 상승했고, 그룹 공채 응시율도 6퍼센트나 오르는 등 매우 성공적인 캠페인으로 평가받았다.

이 카피에는 삶을 관통하는 전략의 핵심이 담겨 있다. 진정한 전략은 뭔가를 더 하겠다고 추가할 게 아니라, 하지 말아야 할 일을 하지 않는 것이다. 이는 사랑에서도, 관계에서도, 커리어에서도 통하는 전략의 진수다. 좋아하는 것을 찾기 이전에

하기 싫은 일, 싫은 사람, 싫은 모임부터 정리하자.

먼저 싸우지 않을
전쟁터를 정하라

현대자동차 재직 시절, 제네시스의 브랜드 전략을 세웠다. 이때 가장 중요하게 생각한 것은 고급스러움을 전하는 것이었다. 어떻게 해야 고급감 넘치는 브랜드를 만들 수 있을까? 이 과제의 해결안을 낼 때 쉽게 빠지는 함정은 '무엇을 더해서 고급감을 줄 수 있을까'를 먼저 고민하는 것이다. 예를 들어 제네시스를 고급 브랜드로 포지셔닝하기 위해 유명 광고 모델을 쓰거나 가격을 올리거나 디자인에 집중하는 식이다.

그런데 이런 접근에는 위험이 따른다. 유명 배우를 모델로 기용한다고 해서 브랜드 이미지가 갑자기 고급스러워지는 것은 아니다. 타깃에 따라 모델의 이미지 연출이 애매하거나 불충분해서 '고급감' 전달에 한계가 있을 수 있다.

가장 먼저 고려해야 할 점은 고급스러움을 전달하는 데 방해가 되는 요인을 찾아내서 그것을 제거하는 것이다. 고급스러움을 핵심 코드로 내세우면서 가격 할인 프로모션에 집중한다면? 바람직하지 않은 채널에 광고를 내보낸다면? 매장 영업사원들의 고객 응대가 부실하다면?

고급스러움을 드러낼 온갖 전략을 모아놓는다 해도 그렇지 않은 것 하나가 섞이면 모든 게 수포로 돌아간다. 깊고 깊은 산중에서 퍼올린 맑고 고운 청정수에 작은 김칫국물 한 방울을 떨어뜨리는 격이다.

오답을 피하면
정답이 남는다

인생을 살면서 만나는 수많은 선택도 같은 이치다. 똘똘한 전략의 핵심은 내가 싸우고 싶은 전장터만을 위해 진격하는 것이 아니다. 내가 싸우고 싶은 전장터에는 적군이 오지 않는다. 당연히 전쟁을 할 수가 없다. 내게 필요한 전략은 꼭 피해야 할 전장터를 정하고 그곳을 피하면서 앞으로 조금씩 나아가는 것이다. 적군이 좋아하는 전장터를 먼저 피하면서 내가 원하는 곳으로 서서히 유인해 나아가야 한다.

새해 목표가 건강이라면 헬스클럽에 등록하고 몸에 좋은 비타민을 구입할 게 아니라, 담배를 끊고 술과 배달 음식을 줄이는 일부터 해야 하는 것과 같은 이치다. 그것이 싸우지 말아야 할 전쟁터를 먼저 정하는 전략이다.

글로벌 테크 기업의 마케터가 되고 싶은 사람이 있다. 그는 신입 공채를 노리며 3년째 도전 중인데 매번 탈락이다. 부족하다고 느껴지는 스펙을 보충해서 다시 도전하지만 문은 열리지 않는다. '열 번 찍어 안 넘어갈 나무는 없다'는 말은 거짓말이다. 무딘 도끼로는 백 번을 찍어도 나무가 넘어가지 않으니까.

지금 나의 자질과 배경 등이 회사의 요구사항에 부합하지 않는다면 조금 돌아가는 것도 방법이다. 마케터라면 광고, 리서치, 미디어, 데이터 등 전문 에이전시에서 경력을 쌓은 후 다시 대기업에 도전하는 방법이 있다. 그곳에서 도끼의 무딘 날을 갈고 다듬어 예리하게 벼리는 작업을 한 뒤 다시 도전하면 된다.

회사 내에서도 마찬가지다. 마케터를 희망해 입사해도 타부서로 발령이 나거나, 일을 하다 다른 부서로 이동할 경우가 생긴다. '나는 마케터가 꿈이니까 다른 부서로는 못 가.' 그럼 퇴사가 답일까? 아니, 그렇지 않다. 너무 성급한 결정이다.

이때 선택의 핵심은 가고 싶은 마케팅 부서만을 바라볼 게 아니라, 죽어도 가기 싫은 부서와 역할을 먼저 정하는 것이다. '나는 혼자 꼼꼼히 일해서 성과를 낼 자신이 없으니 재정 부서와 운영파트는 피해야겠어.' 이렇게 반드시 피해야 할 부서와 역할을 먼저 정하고, 그것만 아니라면 받아들일 마음의 준비를 할 필요가 있다. 시점을 달리해 다른 기회를 볼 줄도 알아야 한다. 게다가 다양한 부서의 업무 경험은 분명 도움이 된다. 업에 대한 시야를 넓혀주고, 일의 시너지를 높여주어 역량을 확장시켜줄 수 있다.

내가 잡고 싶은 기회는 다른 사람들도 잡고 싶어 한다. 내가 원하는 부서는 옆에 있는 김 과장도 가고 싶어 하는 부서다. 원하는 것만 바라볼 수는 없다. 때로는 돌아가야 할 때도 있고, 여러 갈래 길 앞에서 주춤거릴 수도 있다. 꼭 피해야 할 선택이 아니라면 차선을 택해야 하는 것을 두려워하지 말자.

전략은 불리한 것을 먼저 정하고 제거하는 것에서 시작한다. 그것은 훨씬 더 알아내기 쉽고, 실행하기도 쉽다. 그렇게 가다 보면 그 길에서 기대하지 않았던 새로운 기회를 만날 수도 있다. 그리고 어느새 원하는 지점에 더 가까이 가 있는 나를 발견할 것이다.

길이 있어야
뜻도 생기는 법이다

잘하는 것을 찾는 데는 시간이 걸린다.
뭔가를 해보고 실망하고 확신하고
자신에게 기회를 주면서 다양한 시도를 해보자.

나답게 일한다는 것

"원하는 일을 찾아 열정을 바치세요. 젊다는 건 그런 거예요."

강 건너 불구경하듯, 젊은 사람들에게 하고 싶은 일을 찾아서 해보라고 조언하는 사람들을 보면 얄밉기까지 하다. 그렇게 말하는 그 사람은 자신이 하고 싶은 일을 얼마나 쉽게 찾아내서 하고 있는 건지 묻고 싶어진다. 하고 싶은 일을 분명하게 안다는 건 결코 쉽지 않다.

하고 싶은 일의 전제에는 '성공하면서'라는 조건이 붙는다. 성공이나 돈벌이와 관계없이 하고 싶은 일을 찾는 거라면 문제는 아주 간단하다. 마음이 이끄는 대로 하면 된다. 미술 작품 감상이 취미인 사람이 아빠 건물 지하에 갤러리를 여는 것처럼. 그

러나 우리가 말하는 '하고 싶은 일'은 일정량의 성공이 뒷받침
돼야 한다는 전제가 따른다. 그래야 오래 하고 잘할 수 있다.

원하는 일로 성공하기 위한
세 가지 조건

하고 싶은 일로 성공하려면 세 가지 요소의 조화가 필요하다.
열정과 능력 그리고 기회다. 아무리 열정이 가득해도 그게 '하
고 싶은 일'의 충분조건은 아니다. 말 그대로 그냥 하고 싶은 일
일 뿐이다. 그 일을 하는 데 필요한 능력이 내게 있어야 한다.
지금 없더라도 개발하고 갖출 수 있는 것이어야 한다. 그리고
그 능력은 시장이 원하는 능력이어야 한다. 그래야 기회가 제공
되기 때문이다.

이렇게 삼박자가 맞아떨어지는 지점은 쉽게 오지도 않을뿐
더러 편하게 찾아지지도 않는다. 귀한 보물과 같다. 그렇다고
마냥 앉아서 그 순간이 와주기만 기다릴 수는 없다. 작든 크든
나름의 시도를 하면서 찾아봐야 한다.

나는 27년 차 마케터다. 이 일이 좋고 재미있다. 답이 딱 떨어
지는 분야가 아니라서 흥미롭고, 끊임없이 변하기 때문에 도전

적이다. 사람과 세상에 대한 관심을 기본으로 하기에 지루하지 않다. 데이터 속에서 진짜 의미를 찾아 골몰하는 일이 재미있다. 그러나 처음부터 마케팅을 내 업이라 생각한 건 아니다.

대학에서는 문학을 전공했다. 묻지도 따지지도 않는다는 '불어불문학'. 고등학교 시절 제2외국어로 배웠던 독어가 너무나도 지겨워 택한 결과였다. 영어는 누구나 다 해야 하니, 특별한 언어를 하나 더 하면 좋지 않을까 하는 어설픈 가설과 책 속에서 만난 알베르 까뮈의 우울에 온통 마음을 빼앗겼던 열아홉 살의 선택이었다. 언젠가 내 이름을 내건 작품을 세상을 내놓고 싶다는 예비 문학도의 소망이 담긴 선택이기도 했다.

하지만 2학년이 채 지나지도 않아 나의 문학적 재능이 그리 대단치 않다는 걸 알게 되었다. 책을 읽는 건 분명 좋아했지만 분석하는 일은 영 재미가 없었다. 느끼고 즐기는 것에는 열의가 있었지만 학문으로 접근하는 일에는 생각지 못한 어려움이 따랐다. 무엇보다 교내 백일장 장원 출신의 빛나는 경력과 자랑스러운 숙명여고 교내 신문반 기자 출신이라는 자부심에도 불구하고, 나의 글솜씨는 절대 밥벌이 수준이 될 수 없음을 깨닫게 된 것이다.

뭘 좋아하는지는 몰라도
뭘 싫어하는지는 안다

그때 내 눈에 들어온 것이 심리학과 철학이었다. 사람에 대해 이리저리 얘기하는 것이 신기하고 재미있었다. 교양 과목으로 시작해 전공 강의를 도강하고 혼자 책을 보면서 공부해나갔다. 이와 연계해서 경영학과 수업인 소비자 행동론에도 관심을 갖게 되었다. 사람들에게 어떻게 말하고 전해야 내 물건을 팔 수 있는지, 그걸 연구하고 알아내는 과정이 여간 재미있는 게 아니었다. 하지만 그걸 재미있어 한다고, 내 업이 될 수 있을 거라는 생각은 하지 못했다.

미국 유학 시절, 대학원 세부 전공을 정할 때까지 내가 뭘 원하는지 잘 알지 못했다. 하지만 잘 못하는 게 무엇인지는 비교적 정확히 알고 있었다. 제일 먼저 피해야 할 것은 '숫자'였다.

내 대입 시험 성적표는 드라마틱의 극치였다. 국어와 영어는 50점 만점에 50점이었으나 수학은 같은 배점임에도 18점에 불과했다. 영어 담당이었던 고3 담임선생님의 한숨 소리가 지금도 귓가에 쟁쟁하다. '수학 좀 하지, 이놈아.' 요즘 얘기하는 수포자 1세대가 바로 나였다. 대학 진학 후에도 내 악몽의 소재는 늘 '수학 시험'과 관련되어 있었고 수학을 더 이상 배우지 않아도 된다는 점이 대학 생활의 행복 중 하나였다. 내 능력과 열정이 '숫자'와는 아주 먼 거리에 있다는 걸 나는 진즉에 알았다.

숫자 다음으로 피하고 싶었던 것은 딱 떨어지는 답을 찾는 일이었다. 여러 각에서 다른 해석이 가능한데 하나만 답이고 나머지는 오답 처리가 되는 것이 불편했다. 윤리 과목의 점수가 유독 낮았던 것도 우연이 아니었다. 윤리 시간을 싫어하지는 않았다. 언뜻 단순한 듯 보이지만 상당히 복합적인 상황을 다루는 윤리적 개념을 좋아했다. 하지만 시험 문제에서는 명확한 답을 찾지 못했다. 내게는 너무 애매한 문제들이었기 때문이다. 나는 모호한 상황에서 하나의 답만 제시하는 것엔 재주가 없었다.

마지막으로 나는 오직 혼자 결과를 내는 상황은 맞닥뜨리고 싶지 않았다. 별다른 이유 때문이 아니라, 혼자 일하는 건 그냥 재미가 없었다. 내 생각이 맞는지에 대해 맞장구를 치거나 반박하는 등 서로에게 배우는 과정을 즐겼다. 복잡한 프로그램을 코딩해내고, 밤새 실험실을 지키며 연구 결과를 확인하는 일은 절대 내 몫이 될 수 없다는 사실을 나는 너무 잘 알고 있었다. 그렇게 나와 맞지 않는 걸 요리조리 피하다 보니 남은 영역이 마케팅이었다. 게다가 담당 교수님도 좋아 보여 덜컥 논문까지 쓰게 되었다.

길을 걷다가
뜻을 만날 수도 있다

이렇게 오랜 기간 마케팅을 내 업으로 삼게 될 줄은 꿈에도 몰랐다. 마케팅에 대한 기업의 수요가 늘어나고 전문성에 대한 인식도 높아지면서 나의 열정도 함께 자랐다. 그렇게 하다 보니 잘하게 되었고, 잘한다 해주니 더 좋아하게 되면서 소명감도 생겼다. 그래서 누군가 '마케팅은 어떻게 시작하셨어요?'라는 질문을 하면 명확하게 대답하지 못한다. 어쩌다 보니 이 일을 하고 있기 때문이다.

내가 잘하는 것을 찾는 데는 시간이 걸린다. 자신에게 여러 기회를 주면서 다양한 시도를 해보는 등 기다림의 미학도 필요하다. 나는 마케팅 일을 하면서 대기업, 컨설팅 회사, 리서치 회사 등 다양한 조직을 거치며 탐색해나갔다. 그 경로를 거쳐 지금은 내 사업을 경영하고, 학교에서 학생들을 가르치고, 많은 기업을 자문하고 있다.

하고 싶다고 그것이 곧 내가 원하는 일이 될 수는 없다. 열정, 능력, 기회가 있어야 내 일이 될 수 있다. 하늘에서 '이 길이 너의 길이다'라며 뚝 떨어지지 않는다. 그렇다고 가슴 뛰는 열정만을 찾아 마냥 기다릴 수만도 없다.

뜻을 세워야 길이 보인다고 하지만 나는 반대로 말하고 싶다. 길을 가다 뜻을 만날 수도 있다. 아니, 어쩌면 길이 있어야 뜻을 알게 될 수도 있다. 뭔가를 해보고 실망하고 확신하고, 그렇게 길을 가면서 스스로에 대해 더 알게 되면 마음을 바칠 뜻도 만나게 될 수 있다고 믿는다.

여러 개의 얼굴로 살아야
나를 지킨다

하나의 모습으로 살 필요가 없다.
나의 본질에 더 충실할 수 있는 에너지는
다양한 나를 찾고 표현할 때 분출된다.

2021년 방송된 드라마 〈구경이〉는 '힙하다'는 평을 들으며 심심찮게 세간의 주목을 받았다. 특히 젊은 층으로부터 예상치 않은 호평을 들은 데는 배우 이영애의 반전 매력이 큰 몫을 했다. 우아함의 대명사로 인식되어오던 이영애가 '게임도 수사도 락 걸리면 못 참는 방구석 의심러'가 되다니.

화장은 고사하고 며칠 못 씻은 얼굴에 욕을 입에 달고 사는 폐인으로 변신한 그녀는 늘 보여주던 뻔한 이미지에서 탈피해 시청자들에게 반전의 재미를 선사했다. 비상한 추리력을 가진 알코올 중독자라는 새 캐릭터는 이영애의 재탄생이라 말하기에 충분했다.

한결같다는 말이
부자연스러운 이유

'한결같다, 앞뒤가 똑같다, 늘 변함없다.' 이런 사람이야말로 진국이고 신뢰를 주는 사람이라는 생각이 보편적이다. 그러나 새로운 시대에는 그 개념의 가치도 재검토해볼 필요가 있다. 우리는 정말 한결같아야만 하는지, 그것이 자연스럽고 나다운 모습인지, 나아가 지금 이 시대에 유효한 덕목인지에 대한 의문을 제기해야 한다.

과거에는 나를 표현할 기회도 많지 않았고 그 적극성이 크게 환영받지 못했다. 하지만 지금은 다르다. 눈뜨면 새로이 등장하는 플랫폼들은 나의 다양한 욕구를 발견하는 데 도움을 주고, 나를 표현할 기회도 제공해준다.

대부분의 사람이 서너 개의 소셜 계정 속에서 각기 다른 페르소나로 살아간다. 인스타그램도 공개된 모습을 보이는 '린스타(real instagram)'와 나만의 엉뚱한 모습을 보여주는 '핀스타(fake instagram)'로 구분해 부를 정도다. 정치적 의견을 개진하고 비판하는 계정, 반려견 이야기를 나누는 계정, 아이돌 덕질 전용 계정 등 각각의 계정에 따라 관심의 범위와 용어, 애티튜드도 달라진다.

평소 유머가 넘치고 남 웃기는 걸 좋아하는 후배가 있다. 그런데 회사에서 웃기는 사람이 될 순 없었다. 최근 회사 명운이 달린 신사업 TFT장으로 발령받으면서 더 심각하고 어려운 과제에 파묻혀 살게 되었다. 하지만 그는 자신의 개그 본능을 표현하고 싶어 견딜 수 없었다. 그가 택한 채널은 사용이 편한 틱톡. 틱톡에 짧게 1인 블랙 코미디를 올렸다. 패러디를 하거나 남이 만들어놓은 영상에 리액션을 하는 등 다양한 콘텐츠로 부담 없이 자신의 욕구를 표현하고 있다.

그는 크리에이터로 살면서 자아가 확장되는 경험을 하고 있다고 말했다. 주말에 콘텐츠를 올리고 사람들의 반응을 읽다 보면 새로운 시장 흐름도 알게 되고, 그 에너지가 월요일 출근길을 더 설레게 만든다는 것이다.

개그우먼 박나래도 있고
술 마시는 박나래도 있다

코너의 성격에 따라 때로 과한 분장을 해야 하는 사람들이 개그맨이다. 보는 사람이 민망할 정도로 몸에 딱 붙는 옷을 입거나 신체 특정 부위를 우스꽝스럽게 과장한 분장을 해야 할 때도 있다. 그런 부분에 대해 직업적으로만 이해하면 그만이다. 그런데 그 사람 자체와 연계해 비하하는 사람들도 있다. 코너가 인기가 없으면 그런 악플들은 더 기승을 부리곤 한다.

개그우먼 박나래 씨에게 한 기자가 이런 질문을 했다. '아무리 개그우먼이라도 코너에서 자신의 모습으로 비웃음을 받으면 상처 받지 않나요?' 질문에 대한 그녀의 답이 걸작이다.

"개그우먼 박나래가 있고, 여자 박나래가 있고, 디제잉하는 박나래가 있고, 술 취한 박나래가 있습니다. 그렇기 때문에 개그우먼으로서 저는 이 무대에 서서 남들에게 웃음거리가 되고 조롱당하는 것에 대해 전혀 신경 쓰지 않습니다. 저에게는 디제잉하는 박나래, 술 취한 박나래도 있으니까요."

우리는 하나의 모습으로 살 필요가 없고 그래서도 안 된다. 다양한 나를 찾고 표현하는 것은 자연스럽고 건강한 모습이다. 나는 그렇게 확장되어간다. 나의 본질에 더 충실할 수 있는 에너지는 한 가지 모습에 올인할 때보다 중심 잡힌 분산 속에서 더 많이 분출될 수 있다. 분산되어 있어야 무너지지 않는다.

목표는
하루치면 충분하다

목표 달성은 나 혼자 컨트롤할 수 없다.
내 몫은 과정을 책임지는 것.
목표는 잊고 과정을 움켜쥐자.

"팀장 파이팅!"

과장 직함을 달고 있던 시절, 아침에 눈을 뜨면 잠자리에서 이렇게 구호를 외치곤 했다. 당시 나는 누구보다 빨리 팀장 자리에 오르고 싶은 열혈 워킹우먼이었다. 피, 땀, 눈물을 바쳐 일했고 노력은 헛되지 않았다. 사내에서 일 잘한다는 평판과 칭찬이 자자했고, 나는 기고만장해졌다. 다음 목표를 달성해야 한다는 생각이 온통 나를 지배했다.

그런데 어느 날부터인가 싸한 느낌이 엄습했다. 내 옆자리에 있던 김 과장이 나보다 더 빨리 승진할 것 같은 불길한 예감. 일도 잘하는 것 같고, 무엇보다 윗사람들이 유독 예뻐하는 것 같았다. 상사와 술자리도 자주 갖는 듯했고, 프로젝트도 좋은 것만 가져갔다. '이거 내가 팀장 승진에서 밀릴 수도 있겠는데…' 위기감이 찾아왔다.

뭣이 중헌디,
목표 지향이 가져온 위기

훌륭한 경쟁자도 생겼으니 동기부여가 되어 더 열심히 달렸어야 했다. 그러나 현실은 그 반대, 나는 피폐해지고 스스로 무너져 내렸다.

내 안에서 방어기제가 고개를 들었다. 내가 안 될 수밖에 없는 이유를 찾아서 정당화했다. 무엇보다 그 친구와 팀장에게, 아니 회사 자체에 대해서 시니컬해졌다. 매사 심술이 묻어났다. 나는 나의 실패 가능성을 제대로 쳐다볼 용기를 갖지 못하고, 아직 현실화되지도 않은 실패 앞에 지레 겁먹고 도망치고 있었던 것이다.

'에라 모르겠다. 어차피 승진도 못할 거.' 그렇게 삐딱해지자 일도 관계도 점점 꼬여갔다. 아직 아무 결정도 내려지지 않았지만 내 마음은 이미 성치 않았다. 무슨 일이든 온통 트집 잡을 것만 보였다. 회사의 방향성도 잘못된 것 같고, 직원 평가

방식도 문제가 있는 것 같고, 나한테는 이상한 프로젝트만 오는 것 같고….

그러던 어느 날, '현타'가 왔다. 출근조차 하기 싫어하는 나를 인식하면서 이건 내가 원하는 모습이 아니라는 생각이 강하게 머리를 쳤다. 궁극적으로 내가 원하는 것은 프로페셔널로서 재밌고 행복하게 일하는 거였다. 그런데 당시 나는 승진이라는 목표에만 꽂혀 맥없이 무너지고 있었다. 팀장이 안 될 수도 있다는 가능성 앞에 잔뜩 기죽어서는 온갖 심술을 부리며 슬금슬금 뒤로 물러나려 했다. 목표만 쳐다보고 내달렸던 나였기에, 목표 달성이 실패할 것 같은 두려움은 곧 커리어의 실패로 인지되었다. 왜곡된 두려움이 나 자신을 집어삼키고 있었던 것이다.

나의 성공 전략은 대대적인 수정이 필요했다. 중요한 건 목표가 아니었다. 내가 붙잡고 집중해야 할 것은 '과정'이었다. 결과가 아닌 과정이 나의 성공에 대한 보상이 되어야 했다.

목표는 흐릿하게
과정은 집요하게

목표는 우리에게 방향성을 주고, 선택의 우선순위를 결정하는

데 도움을 준다. 하지만 목표에만 집착하고 그 달성에만 신경을 곤두세우다 보면 오늘이 무너질 수 있다. 목표는 달성하는 데 시간이 오래 걸린다. 내가 컨트롤할 수 없는 변수들에 더 크게 영향받기도 한다. 그러다 보니 오늘 겪는 희로애락에 대한 적절한 동기부여가 되어주기 어렵다.

임원이 되고 말 거라는 목표 앞에 투지를 불태워보지만, 오늘 당장 겪는 크고 작은 어려움 앞에서 집중력은 쉽게 흐려진다. 문득 임원이 되기 위해 '희생'하고 '참고' 있는 오늘이 억울하게 느껴지기도 한다. 목표는 언제나 너무 멀고 더디게 이뤄지기 때문이다.

더 위험한 것은 목표가 달성되지 않으면 나의 과거가 부정되면서 열패감에 빠지게 된다는 점이다. 하지만 그건 사실이 될 수 없다. 설령 내가 팀장이 되지 않는다 하더라도 내가 회사를 위해 헌신한 사실이 부정되어서는 안 된다. 동료들과 누렸던 하루하루의 즐거움과 성취감의 의미가 과소평가되어서도 안 된다. 팀장이 되어야만 과거가 의미를 갖는 것은 아니다. 그러나 목표만 바라보게 되면 우리는 아주 쉽게 이 함정에 빠지게 될지도 모른다. '팀장 파이팅'을 외치던 서른세 살의 나처럼.

오늘의 리워드는
오늘 안에 챙겨라

나는 기업 자문을 하거나 특강을 할 때면 '오늘은 무엇으로 보상받아야 할까'를 생각한다. 그런 생각을 하고 시작하면 그 자리는 내가 준비한 것 이상의 긍정적인 피드백을 받는 시간이 된다. '내가 무언가를 준다'라고 생각하지 않는다. 그들과 소통하면서 나도 함께 성장하는 시간, 그것을 통해 보상받는다고 생각한다.

일과 삶에서 느끼는 희로애락이 우리의 생이다. 그 모두를 낱낱이 누리며 매일매일 주어지는 리워드를 '최대한 야무지게' 챙기는 것이 손해 없는 인생을 사는 유일한 방법이다. 깨졌을 때도 거기서 배우는 게 있고, 고단한 직장생활이라 해도 소소한 재미들은 있게 마련이다. 실패와 절망감에서 오는 뼈아픈 교훈조차도 모두 보상이다. 거기서 내가 누릴 모든 것을 움켜쥐어라. 몰입해서 내 것으로 누려라.

기다리지 말자. 목표가 달성되면, 팀장이 되면, 코인이 대박 나면, 경력이 쌓이면… 그때는 또 다른 기다림이 우리 앞에 놓여 있을 것이다. 그러니 지금만 쳐다보자. 목표의 달성이란 나 혼자 컨트롤할 수 있는 것이 아니다. 내 몫은 그저 과정을 책임지는 것. 그거 하나만 딱 부러지게 하고 나머지는 맡겨버려라. 베이징 동계올림픽에 출전한 김민석 선수의 신박한 한마디가 눈길을 잡는다. "레이스 후엔 될 대로 되라지. 내가 할 건 다 했고, 더 이상 할 수 있는 건 없으니까."

목표는 잊고 과정을 움켜쥐자. 오늘, 지금을 춤추듯 즐기자. 다시 오지 않을 시간들이다.

성공은 남을 통해서만
가능하다

나 혼자 잘해서 결과를 책임지는 것은
길어봐야 자격증 시험을 통과하는 순간까지다.
그 후의 과정은 '남을 통해' 이루어야 한다.

　　　　　　　　　　　　　　　　　　　나답게 일한다는 것

유독 햇살이 좋은 날이었다. 진행하던 일의 성과도 나쁘지 않았고, 그에 따른 사내 평가도 유례없이 좋았으며, 새로 시작된 파트너사와의 계약도 분쟁 하나 없이 일사천리로 진행되고 있었다. 그만큼 내가 맡은 팀의 동기부여는 충분했고, 팀원 각자의 역량도 하루가 다르게 발전하고 있었다.

그런데 모든 것이 너무 잘 되던 바로 그때, 나는 왠지 모르게 순간순간 불길한 감정을 느꼈다. 기우는 틀리지 않았고, HR 본부장이 차 한 잔 마시자며 한적한 곳으로 나를 불렀다. 잠시 침묵하던 본부장은 그 자리에서 눈이 튀어나올 만큼 충격적인 비보를 내게 전했다.

"최 상무, 마케팅팀이 이번 연말 부서 간 이동 희망을 많이 신청했어. 다른 부서로 전배를 희망하는 팀원들이 많은데…"

'그럴 리가…. 실적이 얼마나 좋은데, 우리가 하는 일이 얼마나 의미 있고 중요한데, 그럴 리가 없어.' 나는 본부장님의 이야기를 받아들일 수가 없었다.

불현듯 며칠 전 만난 한 선배의 조언이 오버랩되었다. 나에게는 오래된 멘토이기도 한 그 선배는 지나가는 길에 잠시 들렀다면서 나를 찾아왔다. 그날도 나는 혼자 일에 열중해 들떠 있었다. 우리 팀의 비전과 목표가 얼마나 원대한지, 회사를 얼마나 혁신적으로 변화시킬 것인지에 대해 열변을 토했다. 내 이야기를 경청하던 선배가 웃으며 한마디를 던졌다.

"명화야, 너 성공하고 싶지? 그럼 이 말을 기억해. 'Success is only through others.'"

나의 성공을 바라는 사람은
과연 몇 명이나 될까

성공은 남을 통해서만 가능하다는 선배의 조언에 내 반항심이 불뚝거렸다. '내 성공은 내가 하는 거지, 어떻게 남이 나를 성공시켜줘. 지금 나보고 줄을 서라는 거야? 사내 정치라도 하라

는 거야? 말도 안 되는 소리. 나는 내 힘으로 모든 걸 이룰 테야. 그게 진짜 성공이지.'

HR 본부장의 걱정 가득한 얼굴을 마주하고 앉아 있던 그 순간, 선배의 조언이 어떤 의미였는지 분명해졌다. 언제부터인가 나는 혼자 달리고 있었다. 프로젝트의 성공 요인을 찾아내 확산시키는 것에는 재능을 발휘했지만, 그 결과를 만들어내는 진짜 요인들은 이해하지 못했던 것이다.

그 일은 나에게 많은 교훈을 주었다. 일의 성공에는 일 자체가 갖는 의미나 중요도보다 그것을 믿어주는 사람들이 더 크고 중요한 영향을 미치게 된다는 사실을, 일 자체가 갖는 설득력보다 함께하는 사람들에게 마음이 전달될 때 진정한 변화가 일어나고, 그래야만 지속 가능한 성공을 할 수 있다는 것을 배울 수 있었다.

사람을 얻으면
못 갈 곳이 없다

가까운 친구가 딱 내 취향일 거 같다며 추천해준 일본 드라마가 있다. 한 편만 봐야지 하며 1화를 열었다가 온밤을 꼬박 새며 완파했다. 부상으로 유도 선수의 꿈을 접고 만화출판사에 취직한 신입사원 '꼬마 곰'의 좌충우돌 사회 적응기를 담은 〈중쇄를 찍자!〉다. 그녀의 꿈은 책을 많이 파는 것, 즉 중쇄를 찍는 것이다. 더 좋은 콘텐츠를 위해 작가들을 볶아대는 그녀에게 잘생긴 부사수가 한마디 던진다.

"책의 내용이 좋다고 해서 다 잘 팔리는 건 아니야. 우리가 파는 건 책이지만 우리가 대하는 건 사람이잖아. 책을 바라보지 말고 사람을 바라봐야 해. 그 사람의 마음을 얻으면 책은 저절로 팔릴거야."

우리의 커리어, 우리의 인생도 이와 다르지 않다. 나의 성공은 내가 무엇을 얼마나 아느냐, 얼마나 잘하느냐에 달려 있지 않다. 나 혼자 잘해서 결과를 책임지는 것은 대학 입시까지고, 길게 잡아도 전문 자격증 시험을 통과하는 그 순간까지다. 그 후의 모든 과정은 '남을 통해' 이루어야 한다. 기가 막힌 아이디어도 그것에 공감해주는 사람들이 있어야 한다. 변호사 사무실을 차린다 해도 찾아주는 사람들이 있어야 한다. 나의 성공은 오직 남을 통해서만 가능하고, 남을 통하기 위해서는 먼저 마음을 나누어야 한다.

나는 몇 사람과 진심으로 마음을 나누고 있을까? 과연 내 주위에 나의 성공을 바라는 사람이 있을까? 그 숫자가 어쩌면 내가 얼마나 성공할 수 있는지 가늠해주는 예상치일지도 모른다.

나답게 일한다는 것

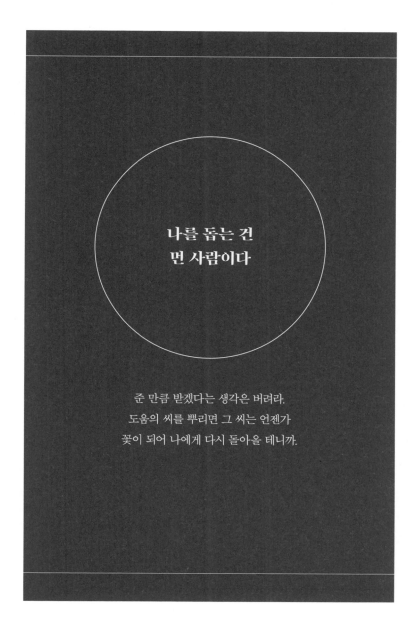

나를 돕는 건
먼 사람이다

준 만큼 받겠다는 생각은 버려라.
도움의 씨를 뿌리면 그 씨는 언젠가
꽃이 되어 나에게 다시 돌아올 테니까.

현대자동차를 나온 후 2개월 만에 지금 운영하는 회사의 첫 교육 프로그램인 CMO 캠퍼스를 시작했다. 봄, 가을 두 번씩 열리는 여성 마케터 양성 프로그램이다. 두 달 만에 창업하고 포문을 연다는 건 거의 불가능한 일이었다. 그게 가능했던 건 함께 하겠다고 나선 여섯 명의 파트너들이 있었기 때문이다. 그들의 도움 덕분에 나는 용기 내어 사업을 시작할 수 있었다.

그 이후 지금까지 해온 일들 역시 나 혼자 이룬 것은 없다. 반드시 누군가와 함께, 그들의 도움을 통해서 가능했다. 때로는 전혀 생각지도 못한 사람에게서 도움을 받는 일도 있었다. 아무런 대가도 바라지 않고 그냥 도와주며 살펴주는 많은 사

나답게 일한다는 것

람들. 곁에 있는 그들을 보며 나는 사람 간의 관계에 대한 중요한 깨달음을 얻었다.

지금 이 순간부터
'기브 앤드 테이크'는 잊어라

주니어 시절, 내가 믿고 있었던 것은 '기브 앤드 테이크'의 깔끔한 논리였다. '내가 도와주었으니 다음번에 그가 나를 돕겠지. 저번에 도움을 받았으니 이번에 반드시 돌려줘야지'. 이런 생각으로만 관계를 보고 있었다. 그러다 상대가 도와줄 차례인데 외면하면 서운함을 느꼈다.

도움을 주기 전에는 그 사람이 다음번에 나를 도와줄 수 있을지 옹졸하고 찌질하게 계산기를 두드리기도 했다. '내가 진심으로 너를 도왔는데 너는 나한테 어떻게 이래?', '왜 저 사람은 매번 자기 아쉬운 일이 있을 때만 상냥하고 친절한 얼굴로 탈바꿈할까?' 다친 마음은 엉뚱한 결심을 하게 만들었다. '다시는 누구도 도와주지 않겠어. 내 코가 석 자인데 누굴 돕는다는 거야. 불필요한 오지랖이지.' 그럴수록 나는 자꾸 혼자가 되어 갔다.

그렇게 시간이 좀 지나자 발견할 수 있었다. 기브 앤드 테이크는 여전히 유효한 생각이지만, 주고받는 대상이 꼭 당사자들만은 아니라는 사실을. 누군가를 돕고 누군가에게 도움을 받는다는 행동에는 '의외의 상호작용 룰'이 작동하고 있었다. '내가 도움을 준 사람이 반드시 나를 돕는 건 아니다.'

내가 공을 들이고 도움을 준 사람이 내게도 그렇게 해주면 좋겠지만, 세상은 그런 논리로만 돌아가지 않는다. 그러다 희한하게도 생각지 못했던 사람에게서 도움을 받는 일이 있다. 즉, 나는 A를 도왔고 A는 B를 도왔지만 나를 도와준 사람은 A가 아닌 B일 수 있다. 혹은 C나 D일 수도 있다. 시간 차가 있을 수도 있다. 1년이 지난 후에 도움을 받을 때도 있었고, 더 긴 시간이 걸릴 때도 있었다. 당구 원리처럼 '도움의 쓰리 쿠션'이랄까? 도움의 관계는 일대일로 대응하지 않았다.

어느 구름에 비가 들어 있을지는
아무도 모른다

아직도 옹졸한 생각에서 완전히 자유롭지는 못하다. 여전히 나의 정성이 어떻게 돌아올까 미리 계산하곤 한다. 그러나 한 가지는 분명히 안다. 남을 도와준다는 것은 오직 나를 위한 행동이고 매우 이기적인 타산이라는 것을.

　내게는 이메일이나 유튜브 댓글 등을 통해 조언을 구하는 요청이 많이 들어온다. 커리어 문제에서부터 인간관계, 사업 마케팅에 대한 조언까지 사연도 다양하다. 되도록 빠짐없이 직접 답을 한다. 시간을 쪼개서, 능력이 닿는 한 답을 해주는 편이다. 때론 고맙다는 답장 한 줄 받지 못하는 경우도 있다. 하지만 괜찮다. 나는 그 사람에게 조언을 해준 것이 아니라 나를 위해 무언가를 한 것이라 여긴다. 그래서 감정이 다치지 않는다.

　최근에는 현대 아산재단을 통해 만난 여러 NGO들이 마케팅에 대한 자문과 조언을 구하는 경우도 많다. 그럴 때면 나는 '저축할 기회가 또 왔네'라며 즐거운 마음으로 응한다.

　특정 관계에서 준만큼 받겠다는 생각은 버려야 한다. '나는 나 자신을 돕는 사람, 씨를 뿌리는 사람'이라고 생각하며 관계의 디폴트 값을 바꿔보는 것이 경쟁력 있다. 그 씨는 언젠가 꽃이 되어 나에게 다시 돌아올 테니까. 꼭 그 사람을 통해서가 아니라 어느 날 어디에선가 불현듯 말이다. 우리의 관계는 순환한다. 쓰리 쿠션으로 돌아오는 도움과 기회의 행운을 만끽하자. 어느 구름에 비가 들어 있을지 모를 일이다.

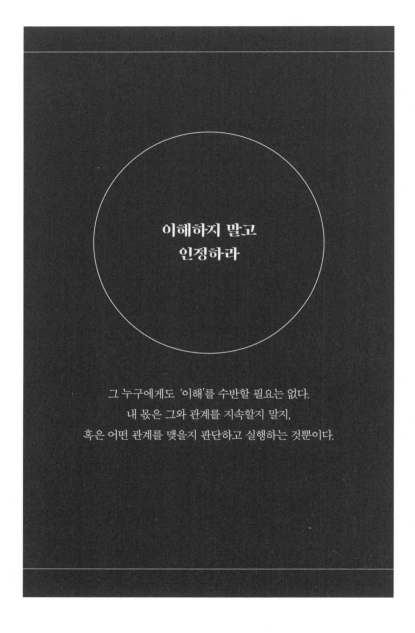

이해하지 말고
인정하라

그 누구에게도 '이해'를 수반할 필요는 없다.
내 몫은 그와 관계를 지속할지 말지,
혹은 어떤 관계를 맺을지 판단하고 실행하는 것뿐이다.

나답게 일한다는 것

대학 후배의 이야기다. 지난 명절, 후배 부부가 시댁에 다녀왔더니 그 사이 집에 도둑이 다녀간 흔적이 있더란다. CCTV가 잘 되어 있지 않은 곳이라 증거도 마땅찮고, 경찰은 명절 때면 이 동네에 좀도둑들이 자주 출몰한다며 대수롭잖은 일이라는 듯 넘기려 했다. 그 후로 후배는 불안증이 생겨 CCTV를 달았고 외출할 때마다 경비원에게 신신당부도 했다. 그러고서도 또 도둑이 들면 어쩌나 걱정하며 밤잠을 설쳤다.

"선배, 그런데 정말 기가 찰 노릇이죠. 남편은 너무 태평인 거예요. 마치 남일 보듯 혼자 평온해요. 너무 속상해서 도대체 너는 무슨 생각이냐고, 다시 또 당하면 어쩌나 걱정도 안 되냐며 다그쳤어요. 그랬더니 남편이 저한테 뭐라고 한 줄 아세요? 아주 편안한 얼굴로 '대비는 해야겠지. 근데 그 도둑이 재주가 좋은 거야. 재주가 너무 좋으면 또 당해야지 뭐.' 그 말에 저 너무 충격받았잖아요."

"정말? 네 남편 요즘 말로 정말 '대다나다!'"

"저는 불안해서 미치겠는데 그 사람은 그런 말을 하더라니까요. 선을 그어놓고 여기까지는 내 몫, 나머지는 내가 어쩔 수 없는 일. 그러면서 맘 편하게 자는 거 있죠. 당할 건 당하고, 손해 볼 건 손해 보고, 안 되는 건 안 되는 거고. 내 몫을 했으면 그 다음은 남의 몫이라는 거예요."

여기까지가 내 몫
다음은 너의 몫

후배 남편은 나도 잘 아는 사람이다. 결코 무책임하거나 대책 없는 사람이 아니다. 능력 있고 하는 일에서 크게 두각을 나타내고 있는 리더다. 평소 눈여겨보고 있던 그의 장점 중 하나는 균형감이다. 어떤 일에도 쉽게 감정이 앞서지 않고 주변 사람들을 공정히 대했다. 치우침 없는 차분함, 그의 균형감은 최대 장점이었다.

　　　　　　　　나답게 일한다는 것

그런데 그날 그 균형감의 비밀을 발견하게 된 것이다. 그는 내 몫과 남의 몫을 구분해 생각할 줄 아는 사람이었다. 내가 할 수 있는 것에 최선의 노력을 기울이고, 다른 사람 몫은 그의 몫으로 남겨놓고 그것으로부터 자유로울 수 있는, 타고난 균형감을 지닌 사람이었다.

이해는 됐고
인정을 하라

'아니, 뭐 저런 사람이 다 있지? 도대체 무슨 생각으로 저러는 거야? 도무지 이해가 안 되네.' 사회생활을 하며 우리는 많은 사람들을 만난다. 도저히 이해할 수 없는 무리도 있다. 무례하고 제멋대로인데다 아무리 애써봐도 좀처럼 납득이 안 되는 부류다.

그러나 이해가 안 된다는 것은 나만의 관점이다. 타인의 모든 말과 행동이 나의 이해를 구하는 것은 아니다. 그것은 그냥 타인의 행동이자 생각일 뿐 그들은 나에게 이해해달라고 요구한 적이 없다. 그런데도 굳이 이해를 하겠다며 속을 끓이고 있는 사람은 다름 아닌 나 자신이다. 이해는 나의 몫이 아닌데, '타인의 이해'라는 지옥의 문을 열어젖히는 사람이 바로 나일 수 있다.

《타인의 해석》에서 말콤 글래드웰(Malcolm Gladwell)은 우리가 타인을 이해할 수 없는 이유로 세 가지 오류를 제시한다. 상대가 진실하다고 믿어버리는 '진실성의 오류', 상대에 대한 부족한 정보에서 오는 '투명성의 오류', 그리고 상대를 여전히 나의 위치에서 재단하는 '결합의 오류'다. 설령 이 세 가지 오류를 잘 알고 극복한다 하더라도, 타인을 이해하는 것은 여전히 불가능한 일이라는 것이 그의 논리다.

"이해하지 않음이 최고의 이해다." 어쩌면 이 명언 속에 진실의 무게가 실려 있는지도 모르겠다.

내게 남겨진 선택은
관계 지속의 여부뿐

내가 할 수 있는 것은 '이해'가 아닌 '인정'이다. 있는 그대로 타인을 인정하는 게 가장 중요하다. 그런 후에는 그와의 관계를 내가 감당할 수 있는지 혹은 그럴 수 없는지를 판단하는 것뿐이다. 상대를 이해해보겠다는 결심, 나아가 상대를 바꾸어보겠다는 말도 안 되는 희망을 갖는 이들이 있다. 그러나 이건 절대 우리의 몫이 아니다. 그 사람과 관계를 지속할지 말지, 혹은 어떤 관계를 형성해나갈 것인지를 나의 자유의지로 판단하고 행동에 옮기는 것만이 우리의 몫이다.

이상한 말로 마음을 상하게 하는 선배가 있다면 이해하지 마라. 그냥 '이상한 빈정쟁이'로만 인정하면 된다. 빈정쟁이 짓은 그의 몫이다. 내 몫은 그를 계속 볼 것인가 말 것인가, 내가 이 빈정거림을 감당할 수 있을 것인가 아닌가에 대한 판단뿐이다. 감당할 가치가 있으면 하는 거고 아니면 마는 거다.

그 어디에도 그 누구에게도 '이해'를 수반할 필요는 없다. 타인은 원래 그런 존재다. 절대 이해할 수 없는 대상. 그러니 이제 인정만 하라.

나를 이해하고 나다움을 회복하는 것,

거리를 두고 자신을 객관화하며,

나의 감정을 인정하고 나를 제대로 표현하는 것,

두려움과 욕망의 노예가 되지 않고,

나다운 콘텐츠와 각을 발견하고,

나만의 속도와 지향점으로 앞으로 나아가는 것.

나의 시그니처 스토리(My Signiture Story)는

그렇게 완성되며 나를 성장시킨다.

나다운 성장만이 성공이 된다.

3장

나를 지키면서
성장하기 위해
필요한 것들

나 자신과 거리를 두고
객관화할 것

가끔은 멀리서 남을 보듯 나를 관찰해보자.
마치 영화를 찍듯이 조금 거리를 두고 볼 때
보다 선명하게 나를 발견할 수 있다.

나답게 일한다는 것

나는 골프를 자주 친다. 일주일에 두 번 필라테스도 하고, 트래킹도 하고, 캠핑도 간다. 가까운 친구들과 미술품을 구경하러 다니고 가끔은 건반도 두드린다. 이처럼 은근히 취미 부자인 내가 10년 넘게 질리지 않고 하는 활동은 요가다.

나는 요가하는 시간을 가장 좋아한다. 지친 몸과 마음을 회복하는 데 필요한 에너지를 요가를 통해 얻기 때문이다. 요가는 나에게 말을 거는 시간인 동시에, 내 몸 구석구석을 살피는 작업이다. 호흡에 따라 동작을 하면서 내 몸이 안녕한지 점검한다. 특히 맨 마지막에 갖는 이완의 시간, '사바아사나'를 통해 몸을 가장 편한 상태로 두고 의도적으로 나를 살펴본다.

뭉쳤던 어깨넘은 잘 펴지는지, 아팠던 고관절은 회복되어가

시는지, 툭하면 부어오르는 목은 겨울바람에 잘 견디고 계시는 지, 열일하는 발은 오늘도 편안하신지 일일이 말을 건넨다. 내 몸이지만 처음 보는 남인 듯, 의사가 환자의 상태를 살피듯, 내 몸의 안녕을 스캔해본다.

부감숏을 찍듯
프랑스 영화의 주인공이 된 듯

맥킨지 시절 동료 중 천안문 사태를 겪은 중국인 친구가 있었다. 당시 그 친구는 심한 고문을 당했고 집안도 풍비박산 났다고 했다. 나는 그가 끔찍했던 과거의 고통을 어떻게 지나왔을까 늘 궁금했다. 언젠가 그에게 조심스럽게 물었다. 그는 잠시 먼 곳을 바라보더니 담담하게 말을 이어나갔다.

"아주 높은 곳에서 나를 내려다보는 상상을 해. 마치 영화의 부감숏처럼. 높이 더 높이 올라가서 내려다볼수록 내가 더 잘 보여. 그러면서 이렇게 말하지. '아, 저 아이는 큰 고통을 겪고 있구나. 오늘 아침에는 머리가 너무 아파 약을 먹었어. 몽롱해져 잠이 오는 거 같네. 오늘따라 더 힘이 없어 보여.' 그러면 고통이 조금 덜해지더라고. 비록 고통 속에 있지만 그걸 알아주고 봐주는 사람이 있는 거니까. 나는 더 큰 세상, 더 큰 고통의 한 부분이 되어 있을 뿐이야."

그는 상처 입은 자신의 고통과 대면하기 위해 자신과 거리를 두는 방법을 택했다. 고통에 몰입하기보다는 거리를 두고 바라봄으로써 더 현명하게 고통을 다루고자 했다.

나 역시 나의 감정을 다루는 나만의 오래된 습관이 있다. 혼란스럽거나 힘든 상황이 닥치면 먼저 느리게 호흡한다. 안 좋은 기억이 떠오르거나 해결하기 어려운 문제에 빠졌을 때, 일정 시간을 견뎌야 하는데 힘이 부족할 때 나를 주인공으로 영화를 찍기 시작한다. 그 영화의 출연자는 나 하나고, 스스로 감독이 되어 나를 바라본다. 콘티도 없고, 무대도 없다. 프랑스 영화의 롱테이크 장면처럼 특정 생각을 떠올리고, 움직이고, 차를 마시는 내 모습을 천천히 필름에 담는다.

그러면서 바라본다. 오늘의 그녀가 어제와 어떻게 다른지, 또 내일은 어떻게 달라질지. 작은 차이도 큰 화면에 옮겨지면 확대되어 자세히 보이고, 표정을 통해 내면의 흐름이 읽힌다. 한 시간이 될 수도 있고 하루가 될 수도 있다. 오늘 찍다가 잠시 멈추고 일주일 후에 다시 찍어도 된다. 정해진 분량도 '컷'을 외쳐야 하는 장면도 없이 그렇게 나를 찍어본다. 내 나름의 객관화 방법이다.

상황에 매몰되어 정신줄을 놓아버리거나 반대로 현실을 외면한 채 도망치지 않기 위해 본능적으로 찾아낸 자구책이다. 그 오래된 습관은 어느새 나만의 특별한 비밀이자 재미가 되었다. 그렇게 시간을 보내다 보면 내가 겪고 있는 어려움의 실체가 더욱 선명해지고 객관화된 해석이 가능해진다. 상황을 어떻게 다루어야 할지에 대한 다양한 시각도 갖추게 된다.

'I am sad'가 아닌
'I feel sadness'로

인도 명상은 '나를 제대로 보는 방법' 하나를 가르쳐주었다. 흔히 우리는 우리가 느끼는 '감정'이 곧 '나'라는 착각을 하곤 한다. 두려움의 순간을 대하면 나 자체가 두려움이 되고, 기쁜 일이 있으면 내가 고스란히 기쁨이 되어 들뜬다.

명상은 내가 곧 내 감정이 되어서는 안 된다는 걸 강조한다. 내 마음속에 있는 모든 감정이 내가 될 수는 없다고, 감정은 감정일 뿐 그것이 곧 나는 아니라고 전한다. 감정은 흐르는 구름이고 나는 하늘이기에, 그 감정들이 나를 규정하게 내버려두지 말라고 조언한다. '나는 슬프다(I am sad)'가 아니라 '나는 슬픔을 느낀다(I feel sadness)'라고 인지해야 한다는 것이다.

멀리서 보아야
더 잘 보인다

때론 조금 멀리서 나를 보아야 더 잘 보이기도 한다. 요가를 끝낸 후 낯선 시선으로 나의 몸을 스캔하듯, 한 발짝 물러서서 나를 보면 내 안에 매몰돼 있을 때와 달리 더 선명한 관찰이 가능해지곤 한다. 마치 남의 일을 보거나 영화를 찍듯이 지금의 내 상황과 내 감정을 다루는 것이 아주 큰 도움이 된다. 나의 멋진 면도, 부족한 면도, 행복을 느끼는 지점도, 불행해지는 순간도, 조금 거리를 두고 보면 더 선명해진다.

부감숏처럼 위에서 전체를 내려다보는 것도 좋고 영상 감독이 된 듯 '나'를 보는 상상도 도움이 된다. 글을 쓰는 일은 언제나 환영이다. 지난 일을 복기하며 글을 쓰는 과정을 통해 내 감정과 행동을 객관화해서 파악해볼 수 있으므로.

무엇이든 자신에게 맞는 방법을 찾으면 된다. 보다 선명하게 나를 발견하기 위해 가끔은 멀리서 마치 남을 보듯 나를 관찰해보자.

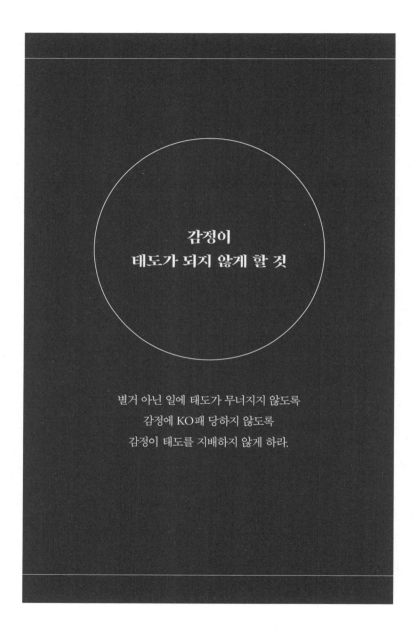

감정이
태도가 되지 않게 할 것

별거 아닌 일에 태도가 무너지지 않도록
감정에 KO패 당하지 않도록
감정이 태도를 지배하지 않게 하라.

나답게 일한다는 것

2020년 도쿄올림픽 경기를 통틀어 가장 사랑받은 선수는 단연 여자배구팀 주장 김연경이다. 그녀의 리더십은 온 국민을 열광케 했다.

한국과 터키의 8강전이 끝난 후, 김연경 선수는 텅 빈 경기장에 홀로 남아 있었다. 후배들이 인터뷰를 마치고 빠져나갈 때까지 경기장을 지키던 그녀의 발길은 심판진으로 향했다.

김연경 선수는 그날 경기의 주심 하미드 알루시 심판에게 다가가 먼저 악수를 청했다. 환하게 웃으며 이야기도 주고받았다. 경기 중 불리한 판정에 불복해 신경전을 벌였던 심판에게 먼저 손을 내밀어 화해를 청하다니. 김연경 선수의 리더십에 숨겨진 비밀이 또 하나 밝혀지는 순간이었다.

그까짓 상처,
좀 받아도 괜찮다

내가 생각하는 김연경 선수의 매력은 자존감이 강하다는 점이다. 자존심만 내세웠다면 그동안 한국 여자배구팀이 당한 차별과 설움의 세월을 견디지 못했을 터다. 한 인터뷰에서 김연경 선수는 이렇게 이야기했다.

"배구가 참 힘든 것 같다. 밀당을 하는 것 같다. 내가 좀 잘되는 상황이 오고, '뭔가 좀 되는 것 같은데?' 생각하면 어김없이 시련이 온다. 그렇게 더 열심히 할 수 있는 계기를 만들어주는 것 같다. 잘 안 되고 있구나 하다가도 잘되는 타이밍이 온다." 그래서 매력적이다.

밀당을 한다는 표현이 참 딱이다 싶었다. 매번 냉혹한 승부의 세계에서 승패를 경험하는 운동선수뿐 아니라 우리 모두에게 해당되는 표현이다. 늘 성공만 할 수도 없고 줄기차게 실패만 하지도 않는다. 시련이 오면 터널을 통과한다는 마음으로 각오를 다지고, 일이 잘될 땐 이 영광이 오래 지속되지 않을 수 있음을 알고 주변을 살피는 일. 김연경 선수가 배구와 밀당하듯 우리도 크고 작은 성공과 실패를 경험하면서 밀당하듯 성장해가고 있다.

게임의 룰을 바꾸는
'진짜' 뻔뻔함

맥킨지에서 일하던 병아리 컨설턴트 시절, A그룹 프로젝트에 합류하게 되었다. 당시 A그룹은 글로벌 시장에서 가장 빠르게 성장하는 산업군의 선두주자였다. 게다가 이번에 처음 맥킨지와 일을 시작한 기업이었다. 당연히 주목도가 높았다. 전 세계여러 사무실에서 전문가들이 모이고, 밤낮없이 이어지는 강행군을 하면서 프로젝트는 숨 가쁘게 진행되었다. 그러나 중간보고 결과는 처참했다. 산업과 회사를 제대로 이해하고 있지 못한 데다 가설이 형편없다는 내용의 피드백을 받았다. 팀은 순식간에 초상집이 되었다. '어쩌면 좋아, 큰일이네.' 팀 리더들의 표정이 심상치 않았다.

며칠 후 프로젝트를 책임지고 있던 파트너가 팀 미팅을 소집했다. '중대 발표를 하려나? 결과가 그토록 처참했으니 그에 대한 변명이라도 하려는 건가? 혹시 클라이언트 성토 대회라도? 아니면 능력 부족을 절감하고 다시 미국으로 돌아가겠다고 하려나?' 혼자 이런저런 생각을 하며 회의 장소로 향했다. 그런데 놀랍게도 그는 돌아갈 생각이 전혀 없어 보였다. 대신 너무도 평온한 얼굴로 화이트보드에 문장 하나를 적었다.

"I have big learnings." 그러고는 자신이 이번 일을 통해 배운 점을 하나하나 열거하기 시작했다. 매우 차분히 동시에 매우 정확히. 부족했던 점을 냉철하게 짚었고 그것을 통해 얻은 교훈을 자세히 설명했다. 굳이 드러내지 않아도 될 법한 부끄러운 실수도 세세히 이야기했다. 낯 뜨거워 고개도 못들 상황인데, 그는 그 실패를 온몸으로 인정한 채 받아들이고 있었다. 내가 예상했던 패장의 우물거림이 아닌 흡사 기업 성공 사례를 발표하는 사람의 모습처럼 당당했다.

이어 프로젝트를 재점검하고 이후 나아가야 할 방향성을 제시했다. 한 명씩 새로운 역할을 주고 방법을 코칭했다. 그의 말에는 열정이 넘쳤고, 확신과 겸손함이 동시에 발견되었다. 리더로서 그를 다시 신뢰할 수 있었다. 프로젝트 결과와 상관없이 앞으로 지새워야 할 수많은 야근의 공포도 잊은 채 그를 믿고 따를 수 있겠다는 확신을 갖게 되었다. 회의실을 나서면서 나는 혼자 중얼거렸다. "뻔뻔해야 출세도 하는구나."

어린 나에게 그는 '뻔뻔한' 리더였다. 실패와 잘못 앞에 그토록 당당하다니. 마치 다른 사람이 한 일인 듯 거리를 두고 이야기하는 그는 뻔뻔한 사람이었다.

그러나 그것은 단순한 뻔뻔함이 아니었다. 충분히 실패를 인정하고 객관화시킨 뻔뻔함. 감정에 치여 자신을 방어하기 급급

한 뻔뻔함이 아니라 감정과 태도를 분리하여 상황을 해결하고
자 하는 뻔뻔함이었다. 그는 감정에 KO패 당하지 않았다. 한발
물러선 뒤 인정하고 받아들임으로써 게임에 끌려가기는커녕
오히려 게임의 룰을 바꾸었다. 그러한 뻔뻔함이 그의 출세를 돕
고 있었던 것이다.

감정과 태도의 구분
그 멈추지 않는 싸움

불편한 감정을 느끼는 친구와 우연히 마주치는 상황, 누구나
한 번쯤 겪어봤음직한 일이다. 나 역시 얼마 전 그런 일이 있었
다. 그 친구가 모른 척하기에 나 역시도 모른 척하고 지나쳤다.
그런데 집에 돌아와 생각하니 '그러지 말걸' 하는 후회가 밀려
왔다. 놀랍게도 이 나이에도 여전히 이런 찌질함을 반복하고 있
다. 집에 돌아와 후회도 남지 않고 생각도 나지 않는다면 상관
없다. 그냥 잊혀질 일이므로. 하지만 나는 낮의 일이 계속 생각
나서 마음이 편치 않았다.

나는 그때 인사를 했어야 했다. 후회한다고 해서 그때의 내
감정이 정당하지 않았다는 뜻은 아니다. 불편해하는 내 감정은

옳았다. 나의 감정은 그대로 인정받아야 한다. 그러나 감정과 상관없이 마땅히 내가 취해야 할 옳은 태도를 취했어야 했다. 감정이 태도가 되게 내버려두면 안 되는 거였다.

나는 "까불지 말자"라는 말을 자주 되뇐다. 일종의, 나의 데일리 행동 강령인 셈이다. 별거 아닌 일에 태도가 무너지지 않게 하려고, 자존심 때문에 일그러진 감정의 아바타가 되지 않으려고, 나를 지키려고 늘 염두에 두는 행동 기준이다.

감정과 태도의 구분. 감정이 태도가 되지 않게 하는 일. 나는 여전히 그 싸움을 하고 있다. 당신도 여전히 그 싸움을 하고 있을 테다. 이건 우리가 매일 벌이는 전쟁이다. 외부 자극으로 무너진 감정이 얼마나 쉽게 태도를 지배하는지 너무나 잘 알기에. 그 전쟁에서 승리하는 날을 더 늘리기 위해 오늘도 우리는 자신을 넘어서는 훈련을 멈추면 안 된다.

Love Myself,
나의 빅팬 1호가 될 것

나를 누구보다 사랑하고 인정하는 건
바로 나 자신이어야 한다.
우리는 자신의 믿음과 관심만큼 성장한다.

얼마 전 한 예능 프로그램을 보다가 너무 멋진 청년
이 등장해 눈이 번쩍 뜨였다. 외모도 멋졌지만 자신을 대하는
그의 태도가 너무 근사해서였다. 한국 남자 모델로는 최초로 생
로랑 런웨이 무대에 선 최현준. 모델 에이전시에 들어간 지 4개
월 만에 캐스팅되었다고 한다. 워킹을 어디서 배웠냐는 본사 디
자이너의 물음에 '배운 적은 없고, 그냥 우리 집 앞 양재천에
서 걷는 것처럼 했다'라고 답했다고 한다. 그 당찬 배포도 매력
적이지만, 사실 그가 세간의 주목을 받은 결정적인 이유는 카
이스트 수학과에 재학 중인 인재라는 것과 공부에 매진하게
된 남다른 사연 때문이다.

나를 가장 사랑하는 건
그 누구도 아닌 나

중학생 시절 최현준은 심한 왕따를 당해서 공부 이외엔 할 수 있는 게 없었다 한다. 하루 18시간을 공부에 매달리자 몸은 형편없이 말라갔다. 엄마가 울면서 '공부 좀 그만하라'고 뜯어말릴 정도였다. 카이스트에 입학한 후, 어느 날부턴가 자신에게 모델 일에 대한 재능이 있다는 걸 알게 된다. 그는 카메라를 바라보며 다양한 표정을 짓고 사람들 앞에 나서서 주목받는 일에 가슴이 설렜다.

생로랑 무대는 맨바닥에 머리를 부딪히는 정신으로 이뤄낸 결과다. 원래는 다른 브랜드의 오디션을 보기 위해 프랑스로 날아갔다. 하지만 정작 그 오디션에서 떨어진 뒤 이왕 파리에 왔으니 제일 유명한 에이전시 구경이나 해보자는 마음으로 그곳을 방문한다. 미리 약속된 미팅이 아니라는 이유로 문전박대 당할 위기의 순간, 우연히 지나가던 본부장의 눈에 뜨여 사무실 안에 발을 들여놓게 된다. 그의 재능을 눈여겨보던 에이전트의 제안으로 이내 생로랑 오디션 기회를 잡는다.

모델이라면 누구나 꼭 한 번은 서보고 싶어 하는 최고의 무대. 바로 생로랑 무대에 선 최초의 한국 남자 모델이 탄생하게 된 것이다.

사람은 누구나 자신이
믿어주는 만큼 성장한다

모델 최현준의 이야기를 들었을 때 있는 그대로의 자기 모습, 자기다움으로 성공한 사람이란 생각에 매력을 느꼈다. 왕따를 당하던 학창 시절, 처음에는 '내 잘못이 아냐, 쟤네들이 잘못된 거야'라고 생각했단다. '나는 아무 잘못이 없는데 그들이 나빠서 이런 일이 생겼을 뿐이야.'

그런데 1년을 당하다 보니 '내게 무슨 문제가 있는 건 아닐까'라는 의문이 들었다고 한다. 따돌림의 경험을 계속하면서 자기부정에 빠지고 빵셔틀을 하며 그들 주변을 비굴하게 맴돌게 되는 마음이 생겨난 것이다. 거기에서 멈추었다면 그의 삶은 분명 지금과 많이 달랐을 테다. 친구들에게 복수하거나 반대로 친구들의 마음에 들 방법에만 골몰했다면 오늘의 최현준은 없었을지도 모른다.

하지만 최현준은 그 생각을 떨쳐내기 위해 자기만의 세계로 들어갔다. 더 몰입할 수 있는 '나만의 전장터'를 선택한 것이다.

그가 선택한 건 공부였다. '잘하지도 못하는 공부'를 그때부터 열심히 시작했다. 오로지 자유의지에 의해서. 나만의 고유한 '정체성'을 찾아가고 싶어 온종일 정신 나간 사람처럼 공부를 했다고 한다.

보란 듯 명문대학에 진학한 후 또 다른 자신의 모습을 발견하고 모델 일을 시작했다. 있는 그대로의 자신을 인정하고 자기다움을 찾는 일에 몰입하면서 최현준이라는 이름을 완성해나간 것이다.

전 세계 패션 피플들이 무대에 단 한 번도 서본 적 없는 동양인 모델에게 매혹된 건 그의 눈빛과 미소가 남달라서였을지도 모른다. 하지만 그 다름은 타이틀이 아닌 그가 지닌 스토리에서 나온 것이리라. 왕따, 공부로의 몰입, 그 안에서의 성공 그리고 또 다른 꿈.

최현준은 한 매체와의 인터뷰에서 이렇게 말했다. "나는 나 자신을 사랑하게 됐다." 자신의 1호 팬으로 자신을 꼽는 것에 망설임이 없었다. '나를 사랑하게 되었다'는 건 지난날의 내 모습까지 다 껴안음을 의미한다. 나다운 모습의 나를 찾아가는 모든 여정에 반했음을 의미한다. 모델 최현준은 그렇게 빛나고 있었다.

우리는 모두 자기만의 빛과 어둠을 짊어지고 살아간다. 그걸 외면하거나 부정하는 대신 소중히 끌어안고 보듬어줄 필요가 있다. 그대로의 나를 누구보다 사랑하고 인정하는 건 바로 나 자신이어야 한다. 온통 외부로만 향해 있는 시선을 거둬 나 자신을 애정 어린 마음으로 바라보자. 그리고 자신을 향한 덕질을 시작해보는 건 어떨까. 왕따를 당하던 최현준의 선택이 타인에 대한 원망이 아닌 자신과 공부를 향한 덕질이었듯이.

우리는 스스로를 향한 믿음과 관심만큼 성장한다. 하나밖에 없는 나 그리고 나의 삶. 나의 빅팬 1호는 다른 누구도 아닌 내가 되어야 한다.

나답게 일한다는 것

나만의 스토리에
인생의 지향점을 담을 것

성공하는 사람과 기업에는 스토리가 있다.
나의 스토리는 내가 길을 잃지 않고
앞으로 나아갈 수 있게 나를 이끌어준다.

월스트리트의 투자 회사에서 최연소 수석부사장을 역임하며 승승장구하던 한 남자. 그는 서른 살이 되던 해 회사를 그만둘 결심을 한다. 인터넷서점을 열겠다는 그의 말에 사장은 이렇게 조언한다. "매우 좋은 아이디어네. 그런데 그 일은 자네가 하는 것보단 재주가 좀 모자란 다른 사람이 하는 게 훨씬 더 유용할 것 같아."

48시간 동안 다시 생각해보라는 사장의 말을 뒤로 하고 그는 렌트한 집 차고에 사무실을 마련한다. 가구 매장 홈디포에서 산 문짝에 다리를 대서 책상을 만든다. 그러고는 직원을 채용해 본격적인 사이트 개발에 나선다. 그런데 고민이다. '회사이름을 뭘로 하지?' 마땅한 게 떠오르지 않는다.

나답게 일한다는 것

그러다 불현듯 퇴사 후 떠난 여행지인 브라질의 열대우림에서 본 세계 최대의 강 아마존을 떠올리며 소리쳤다. "오호, 그게 좋겠어. 회사 이름은 '아마존'이야." 세계에서 가장 길고 유속이 빠른 강 아마존. 그 강처럼 아마존은 전 세계로 뻗어나가 세상의 모든 걸 다 파는 디지털 백화점이 되었다.

스토리는 What이 아닌 Why에서 출발한다

아마존의 성장 스토리는 제프 베이조스(Jeff Bezos)의 개인 스토리만큼이나 유명하다. 그중 가장 많이 알려진 이야기는 베이조스가 아마존을 구상할 때 식당 냅킨에 그린 '플라이휠'에 관한 것. 저비용 저가 정책이 고객의 만족을 높이고, 이로써 갖게 되는 시장 지배력이 더 많은 판매자를 불러와 다시 고객의 만족을 높이면서 아마존이 성장한다는 메시지를 담고 있다.

대개 사람들은 'what'을 먼저 생각하고, 그다음에 'how'를 생각하고, 마지막에 'why'로 귀결된다. 하지만 진짜 성공하는 사람이나 기업들은 다르다. 그들은 'why'에서 출발한다. 내가 'why'에 대해 충분히 이해하고, 그것이 합당하다고 여겨지면 거기에 따른 'how'와 'what'이 나온다는 것이다.

　예를 들어 '가정식 일식당을 하나 열어야겠어'라고 생각한다면 그 접근은 'what'을 먼저 생각하는 접근이다. 그런데 '건강하면서도 편하고 이색적인 경험을 사람들에게 주고 싶어'라는 생각에서 출발하면 그것은 'why'를 먼저 생각하는 접근이 된다. 그 욕구의 해결 방법에는 여러 가지가 있을 테다.

　사실 이 접근은 전혀 새로울 게 없지만, 아마존의 스토리 속에 녹아들어가 제대로 된 치트키가 되었다. 아마존은 세계에서 가장 좋은 쇼핑몰을 해야겠다는 'what'에서 출발하지 않았다. 아마존은 두 가지 질문 '사람들은 물건을 사면서 왜 불편함을 겪고 있을까?' 그리고 '우리의 하루하루가 조금 더 나아지는 것에 기여하려면 어떻게 해야 할까?'에서 출발했다. 그리고 이 질문에 대한 답을 구하는 과정에서 새로운 고객 경험의 아이디어가 도출되었다.

　스토리를 갖는다는 것은 내 인생의 지향점을 갖는다는 의미다. 그리고 나의 전체 모습이 그 지향점에 도착하기 위해 어떻게 나아가고 있는지를 정리해보는 작업이다. 'why'에서 출발해 궁극의 지향점을 놓치지 않는 것, 그리고 그것이 오늘 내가 하고 있는 'what'과 연결될 수 있게 하는 것. 나의 스토리는 내가 길을 잃지 않고 앞으로 나아갈 수 있게 나를 이끌어준다.

스토리의 깊이는
내면의 가치가 결정한다

일본에서 가장 작은 도시 사누키는 우동으로 유명한 곳이다. 이곳에는 3대째 이어져 내려오는 우동집도 꽤 있다.

　'우리 가게는 조부 때부터 운영해온 우동 맛집입니다.'

　'우리 가게는 우동을 팔지 않습니다. 아주 오래 전부터 따뜻한 추억과 위로를 전하고 있습니다.'

　둘 중 어느 집에 더 호감이 가는가? 단순히 역사를 강조한 쪽보다 스토리를 내세운 쪽에 더 호감이 생깃지 않나? 음식만이 아닌 추억을 나누는 공간이라는 스토리. 이는 그 식당의 지향점이다. 나아가 손님들에게 소중한 사람과 다시 찾고 싶은 따뜻한 안식처라는 이미지를 만들어준다.

　사람도 마찬가지다. 누군가 나를 인식할 때 어떤 회사에 다니는가, 어떤 옷을 즐겨 입는가처럼 드러난 정보에만 의존하지는 않는다. 알게 모르게 내가 표현하고 있는 나에 대한 스토리, 그 지점에서 우리는 서로에게 반한다.

　스토리라고 하니 근사한 소설을 쓰자는 얘기로 착각하는 경우가 있다. 그건 절대 아니다. 스토리는 대단하고 근사한 이야기가 아니라 '내가 지향하는 것을 위해 어떤 노력을 하고 있는가'에 대한 여정이다.

나만의 가치를
나만의 속도로 키울 것

'내 인생 스토리는 특별할 게 없는데…'라고 의기소침할 필요 없다. 특별한 스토리라서가 아니라 나의 것이기에 소중하다. 험난한 인생 굴곡이나 그럴싸한 영웅담이어야만 스토리가 되는 건 아니다. 그런 드라마 같은 이야기는 잊어라. 실제로 그래야 할 이유도 없고.

　중요한 건 '가치'다. 내가 나를 좋아하고 나에게 반할 정도로 나다운 가치가 있다는 것. 그리고 그 가치에 내가 충분히 동감하고 그 가치 추구에 내가 동행하고 있다는 것이 중요하다. 그 여정에서 때론 비틀거리고 헤매지만, 나만의 속도로 뚜벅뚜벅 걸어나가는 일. 그것이 나의 스토리다. 세상에서 가장 재밌는 '나'라는 이야기다.

열등감을
성장의 에너지로 활용할 것

감추고 싶은 사실일수록 드러내 보자.
결핍이나 열등감은 나만의 차별성이 되어
새로운 에너지로 작용할 것이다.

"불문학을 전공한 사람이 미국에서 마케팅을 한다고? 글쎄…."

미국 유학 당시 학부에서 무슨 공부를 했느냐는 질문을 받으면 나는 "그냥 한국에서 공부했어"라며 얼버무렸다. 내 전공에 대해 열등감이 있었기 때문이다. 불어를 전공한 애가 프랑스도 아닌 미국에 와서 마케팅을 공부하겠다고 하니, 아무 생각 없는 애로 비추어질까 두려웠다.

그러던 어느 날, 전략 과목 중간고사 결과 발표가 있었다. 교수님이 너무 훌륭한 답안지를 봤다면서 학생의 이름을 불렀다. 바로 내 이름이었다. 그러고는 물으셨다. "What is your background?" 전공을 묻는 교수님 질문에 기어들어가는 목소리로 '불문학'이라 답을 했다. 갑자기 교수님의 얼굴이 환해졌다. "그렇구나, 네가 문학을 전공해서 전략을 해석하는 관점이 남달랐구나."

그날 내 답안에 놀라움을 표한 건 교수님이셨지만 나에 대해 새롭게 눈을 뜬 건 바로 나 자신이었다. '맞아, 나는 문학을 공부한 사람이지. 그래서 남들과 다른 관점의 답안을 써낼 수 있었구나.' 나의 단점이 차별점이자 강점이 되는 순간이었다.

열등감은 어떻게
성장의 에너지가 되는가

융은 열등감을 마냥 부정적으로만 보지 않았다. 새로움을 발견하고 보다 더 나아지기 위해 자기 내부의 신념이나 가치관을 재검토하는 신호로 여겼다. 그래서 '나의 내면의 그림자를 살려내어 그 속의 창조적 힘을 발휘하게 하자'고 했다. 반면 아들러는 '아무것도 하지 않으려는 사람들이 핑계로 삼는 것이 열등감'이라고 주장했다. 열등감 자체가 문제가 아니라 이를 대하는 잘못된 '심리적 태도'가 문제라는 것이다. 즉 모든 것은 '나'의 마음먹기에서 시작된다고 보았다.

그 둘의 중간 어디쯤에 진실이 있을 것이다. 중요한 건 열등감에 끌려다니지 않아야 한다는 점, 그리고 열등감을 잘 활용하면 굉장한 에너지가 된다는 점이다.

한번은 글로벌 기업의 COO를 하고 계신 분의 남다른 성장 과정을 들은 적이 있다. 그분 역시 어린 시절 겪었던 일과 열등 감 덕분에 기업 COO가 될 수 있었다고 말씀하셨다. 빼어난 외모의 언니들에 비해 지극히 평범했던 그녀. 심지어 잠시 놀러온 다른 집 딸인 줄 알고 손님들이 그녀만 빼고 용돈을 줄 정도였다. 그렇게 '존재감 없는 셋째 딸'이었던 그녀. 그러나 그 열등감은 그녀가 남다른 장점을 키워나갈 수 있는 기회가 되었다.

자기 존재를 드러내기 위한 자신만의 노하우를 찾아 노력하기 시작했다. 주변 사람들의 말과 행동에 주의를 기울이고, 주변 사람들의 감정을 알아차리는 것에 민감해졌다. 상대가 무엇을 필요로 하는지, 주위 분위기가 어떤지 금세 파악했다. 눈치도 빨라지고 행동도 앞서기 시작했다.

그 능력은 시간이 지날수록 더욱 단련되어 사람들이 처한 상황을 파악하고 여러 사람의 의견을 중재하는 데 탁월한 역량을 갖게 되었다. 기업의 리더로서는 더할 나위 없이 필요한 능력이다. "내가 존재감 없는 셋째 딸이 아니었다면 오늘날의 나는 없었을지도 몰라. 타인의 감정을 더 잘 살피게 된 것이 나의 성공 비결인 듯해." 열등감을 에너지의 땔감으로 쓴 기분 좋은 사례다.

드러냄으로써 옅어지는
열등감이라는 존재

Hertz vs. Avis

Avis Is Only No. 2, We Try Harder.

(나는 2등이어서 더 열심히 합니다.)

렌터카업체 아비스의 광고 문구다. 사실 사람들은 어느 회사가 1등인지 잘 모른다. 그런데 굳이 대놓고 자신들이 2등이라고 말하는 광고, 참으로 신박하다. 이들은 자신들의 부족함을 드러냄으로써 엄청난 반향을 일으켰고 고객들의 신뢰를 얻는 브랜드로 재탄생되었다. 자신의 열등감을 커밍아웃해 오히려 에너지로 전환시킨 좋은 사례다.

열등감 극복법 중 또 다른 한 가지는 '트레이드 오프(trade off)' 관점에서 열등감을 바라보는 것이다. 제네시스가 처음 나왔을 때 두꺼운 강판 때문에 연비상의 불리함이 지적됐다. 그런데 오히려 그 약점을 역이용해 안전성에는 더 유리하다는 점을 부각시켰다. '차체가 무거워 연비에서 폭망했다'가 아닌 '차체가 튼튼해 안전하다'라는 스토리가 만들어진 것이다.

사람이건 기업 브랜드건 결핍이나 열등감 없이 성장할 수는 없다. 중요한 것은 이를 차별적이고 역동적인 에너지로 변환시키려는 관점과 태도를 갖는 것이다. 감추고 싶은 사실일수록 오히려 더 드러내보자. 트레이드 오프 관점에서 생각해보는 것도 좋다. 그 열등감이 내게 준, 내가 미처 깨닫지 못했던 기회도 발견해보자. 감추고 싶었던 열등감은 나만의 차별성이 되어 새로운 에너지로 작용할 것이다.

중요한 결정을 내릴 땐
나에게 질문을 던질 것

타인의 박수 없이도 설레는가.
선택에 따른 희생을 감당할 수 있는가.
그 길을 가며 마주칠 사람들을 존경하는가.
선택의 순간 나에게 던지는 세 가지 질문.

나는 교수가 되어 책을 내고 유튜브를 개설했다. 회사를 세워 기업을 자문하고 후배 마케터들을 양성하는 등 다양한 일을 하고 있다. 내 삶이 이런 모습이 될 줄 이미 알고 있었을까? 천만의 말씀. 내 삶이 이런 스토리로 흘러올 줄 전혀 알지 못했다. 내가 상상하거나 계획해본 적 없는 모습이다.

계획과 목적지를 정해놓고 그 길만을 고집하며 달려온 여정이 아니다. 그저 일하는 과정에서 내가 더 잘할 수 있는 걸 찾고 그 안에서 탁월성을 추구하며 다다른 길일 뿐이다.

그 길 위에서 중요한 결정을 내려야 할 때마다 나는 스스로에게 세 가지 질문을 했다. 그 질문에 'Yes!'라고 답할 수 있다면 전혀 예상치 못한 일이라도 기꺼이 뛰어들었다.

첫째, 타인의 박수 없이도
설레는 선택인가

첫째 질문은 설렘에 관한 것이다. 설렘은 이성적이지만은 않은 감정이다. 감각적인 느낌이라 일정 부분 내가 조절하기 힘든 마음이기도 하다. 그런데 아이러니하게도 중요한 결정을 할 때일수록 설렌다는 감정을 중요시 여긴다. 이 마음속에 내가 잘 이해하지 못했던 내 마음, 아주 솔직한 마음이 투영되어 있을 것 같아서다.

'근데 나 왜 설레는 거지?' 이유는 중요하지 않다. 논리적인 근거를 찾거나 낱낱이 이유를 댈 수 없다. 오랫동안 내 무의식에 켜켜이 쌓여온 것이라서 나조차도 다 이해할 수 없는 시그널이라 여긴다. 하지만 상대적인 의미가 아닌 '자꾸 생각나는가? 기분이 좋아지는가? 왠지 기대되는가?' 등을 스스로에게 물어본다. 그리고 '예스'라는 답이 나온다면 첫째 관문은 통과를 시킨다.

나답다는 건 좋은 것만을 의미하지 않는다. 나는 멋지고 겸손한 반면 때로는 자만하기도 하고 찌질하기도 하다. 나답다는 것에는 좋은 모습과 그렇지 않은 모습이 모두 포함된다. 중요한 건 내가 원하는 방향으로 가기 위해 조금씩 조정하며 사는 것이다. 멋짐을 1그램 올리고 찌질함을 1그램 낮추는 노력. 내 지향점에 방향을 맞추기 위해 각을 조정하는 자세.

그 과정에서 느껴지는 '설렘'이라는 감정은 나다운 걸 본능적으로 캐치해내는 촉과 같다. 내가 걸어온 발자국과 그 위에 쌓인 나다운 선택의 근거로서의 촉. 그래서 더욱 믿을 수 있다.

단, 타인의 박수에 큰 비중을 두면 안 된다. 타인의 박수는 철저히 그들의 몫이다. 그건 그들의 것으로 내버려둘 일이다.

둘째, 선택에 따른 희생을
계속 감당할 수 있는가

모든 선택에는 업사이드와 다운사이드가 동시에 존재한다. 그런데 우리는 너무 쉽게 그 선택이 가져올 업사이드에 흥분해 판단의 무게 중심을 업사이드 쪽에만 두곤 한다. 대부분의 사람들은 회사를 선택하거나 해야 할 일을 결정할 때, 그 커리어가 나에게 가져올 변화와 기회 요인들을 먼저 살핀다. 연봉은 어떤지, 하는 일은 재미있을지, 다음 커리어는 어떻게 될지 등.

나는 선택을 앞두고 내가 감당해야 할 희생을 먼저 생각하고, 내가 그 희생을 감당할 준비가 되어 있는지 불리한 면을 살핀다.

　업사이드는 가변적이다. 성품 좋은 상사여서 잘 지내며 많이 배울 거라 기대했지만 겪어보니 나와는 영 맞지 않을 수 있다. 회사의 성장 속도가 빨라 3년 안에 스톡옵션을 행사할 수 있으리라 예상했지만, 날기도 전에 공중분해되는 참혹함을 겪을 수도 있다.

　모든 사람들은 각자 고유하게 감당해야 할 자신만의 '상실의 몫(my share of losing)'이 있다. 운전할 때 내가 들어선 차선만 유독 밀리는 듯 보이는 경험을 다들 해봤을 것이다. 하지만 정말 그럴까? 그럴 리가! 막힘 없이 잘 빠지는 차선을 달릴 때는 주위를 둘러볼 기회가 없었을 뿐이다. 막히니까 살펴보게 되고, 그 고통이 더 크게 느껴지는 것이다.

　선택의 대가도 마찬가지다. 다운사이드가 더 아프다. 그래서 중요한 선택 앞에서 나는 업사이드보다 다운사이드를 먼저 살펴보며 스스로에게 묻는다. '이 선택으로 인한 다른 기회의 박탈을 감내할 수 있겠니? 이 선택이 요구하는 희생을 감당할 수 있겠니?'

셋째, 그 길을 가며 마주칠 사람들을
얼마만큼 존경하는가

글을 쓰는 작가가 되고 싶다는 것은 어릴 적부터 품어왔던 희망사항이다. 언젠가는 글로 먹고사는 전업 작가가 되어 내 안의 모든 이야기들을 글로 표현하며 살고 싶다고 소망했다.

대학 입학 후 전업 작가가 되기에는 나의 재능이 형편없이 부족함을 알았다. 일단 돈부터 벌어놓고 다시 도전하자며 그 소망을 한 켠으로 밀어두었다. 일주일에 70시간을 일하는 강행군 속에서도 '이제 얼마 안 남았어. 난 다른 세상으로 날아갈 거야'라며 스스로를 달래고 부추기며 버텨내었다.

마흔 살이 되면 월급쟁이 생활을 졸업하고, 문예창작과에 진학해 본격적인 글쓰기 공부를 시작하겠다는 구체적 계획도 세워놓았다. 수능을 다시 치러야 한다는 현실적 난관도 굳은 의지로 관철시킬 수 있을 거라 믿으면서.

그러나 눈 깜짝할 사이였다. 생각보다 마흔 살은 빨리 다가왔다. 나이 마흔이 되면 무언가 '치적'이 있을 거라 기대했는데, 난 여전히 그냥저냥한 월급쟁이였다. 모아놓은 돈도 없었다. 해가 갈수록 아이들 학비 규모가 커져 지출은 오히려 늘어가고 있었다. 전업 작가가 되겠다는 희망은 한 번 꿈틀거리지도 못하고 수면 아래로 가라앉았다.

한참의 시간이 지난 후 나는 책을 쓰게 되었다. 전문적 작가는 아니다. 전업 작가는 더더욱 아니다. 일단 나는 글 쓰는 일을 전업으로 삼을 만큼의 재능이 없다. 일하며 얻게 된 내 전문성이 담긴 콘텐츠를 전하며 '책도 쓰는 사람'이 된 것이다. 그러나 이 선택 앞에서 나는 이미 책을 쓰고 있는 사람들을 먼저 살펴보았다. 그리고 책을 출판하면서 내가 어울려야 할 사람들도 살펴보았다.

글을 쓰는 이들은 어떤 사람들인지, 출판사라는 세상에 속한 이들은 어떤 사람들인지, 그들은 자기 일을 사랑하는지, 나는 그들과 계속 함께 일하는 것을 즐길 수 있을 것인지 등을 생각해보았다. 나에게는 글을 쓰는 일만큼이나 그 일을 하며 어울릴 사람들이 중요한 판단 기준이 된다. 결국 모든 일은 사람을 통하지 않고는 이룰 수 없기 때문이다.

내가 지금 당면한 문제를, 나보다 앞서 겪었던 사람들을 떠올려본다. 내가 가고자 하는 길을 먼저 택해 걷고 있는 사람들, 그리고 그 일을 하면서 함께 어울려야 하는 사람들을 생각해본다. 내가 존경할 수 있는 사람들인지, 그들과 어우러져 함께 일하는 것을 즐길 수 있을지 등을 스스로에게 물어본다. 이것이 중요한 결정 앞에서 내가 스스로에게 던지는 세 번째 질문이다.

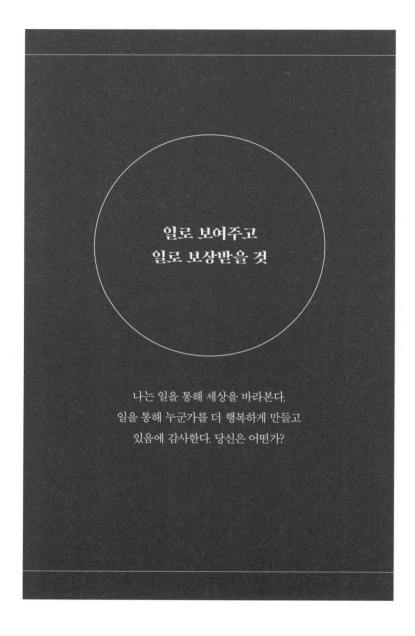

일로 보여주고
일로 보상받을 것

나는 일을 통해 세상을 바라본다.
일을 통해 누군가를 더 행복하게 만들고
있음에 감사한다. 당신은 어떤가?

나답게 일한다는 것

회사를 다니면서 내가 제일 신났던 건 낯선 출장길에서 우리 회사 제품을 발견하게 되는 순간이었다. 두바이 호텔 객실에서 발견했던 LG의 CI에 담긴 웃는 모습, 뉴욕 한가운데서 멋쟁이들이 타고 내렸던 제네시스, 모스크바 외곽의 공사현장에서 열일하고 있던 두산 굴삭기. 바다 건너에서 그것들을 볼 때면 설레고 흥분되었다. 요즘 표현을 빌자면 '가슴이 웅장해진다'고 할까.

분명 누군가는 내가 개발하고 홍보한 제품 덕분에 오늘 하루 조금 더 편안한 삶을 살았을 것이다. 나의 일이 그저 제품하나를 개발하거나 개인적 성과를 달성하는 차원에서 멈추지 않았구나. 사람들을 위해 쓸모 있는 무엇이 되고, 사회를 위해 일말의 기여를 했구나. 그런 생각들이 나를 설레게 하고 계속 달리게 만들었다.

일을 통해 얻을 수 있는
자아의 확장

"나의 진짜 생은 퇴근 후부터 시작돼요."

"퇴근하면 일 생각은 1도 안 하죠."

일과 삶의 밸런스 찾기, 저녁이 있는 삶의 회복이 사회적 화두가 된 지 오래다. 일에 매몰돼 무너져내린 인간성을 회복한다는 측면에서는 매우 긍정적인 변화다. 근로 시간에 대한 인식이 바뀌고 일하는 방식에도 많은 변화가 생겨나고 있다. 탄력 근무제 도입, 재택 및 원격 근무 확대, 육아휴직 활성화 등 다양한 제도가 마련되었고, 덕분에 일하는 환경도 훨씬 개선되었다.

그러나 일을 대하는 태도의 변화가, 일이 나의 성장에서 갖는 의미나 일하면서 누릴 수 있는 '진짜 재미'를 반감시키지는 않았으면 좋겠다. 근로 시간은 줄고 일하는 방법은 바뀌더라도 일을 통해 느끼는 즐거움과 보람은 더 커질 수 있으면 좋겠다.

일은 나에게 물질적 재화를 주는 역할만 하지 않는다. 나의 자아는 일을 통해 확장되고 변화한다. 일은 나를 나답게 성장시키는 중요한 매개체다.

일은 사람과 세상을 볼 수 있는 프리즘

그는 오늘도 병동 환자들에게 인사를 건넨다.

"오늘은 바람이 참 좋네요. 창문 좀 열어드릴까요?"

"기침은 좀 어떠세요? 컨디션은 괜찮나요?"

"지난달에는 다리가 불편하셨는데 많이 좋아지셨군요."

그는 누구일까? 의사? 혹은 간호사? 그는 미국 요양원의 한 병동에서 일하는 청소부다. 그는 환자들에게 매일 한마디씩 건네면서 그들이 조금씩 나아지는 모습을 일기에 기록했다. 어떤 날은 환자에게 석 달 전 상황과 지금은 어떻게 다른지에 대해 말해주기도 했다.

청소부가 오지랖 넓게 왜 그런 것까지 챙기느냐고 할 사람도 있으리라. 하지만 그는 환자들의 상태를 기록하고, 그들이 호전되는 걸 보면 더할 수 없이 행복했다. 그는 자신의 일을 청소라고 생각하지 않았다. 요양 병동의 환자들이 건강을 회복하고,

보다 편안하고 행복한 삶을 살도록 돕는 것이 자신의 일이라 여겼다.

청소하는 사람이라 해도 '나는 청소를 한다'고 규정할 수도 있고, '나는 사람들을 행복하게 만드는 사람이다'라고 규정할 수도 있다. 만일 자신의 일이 청소를 하는 것이라고 생각하는 사람이라면, 지겨운 청소를 빨리 끝내고 퇴근하기만을 바랄지도 모른다. 그러나 사람들을 행복하게 만드는 일을 한다고 생각하는 이라면 그 일을 통해 공헌할 수 있음을 고맙게 여기고 자랑스러워할 것이다.

일이라는 건 그걸 통해서 변화될 사람, 더 나아질 세상을 보는 프리즘이다. 이것이 내가 알고 있는 '일한다는 것'의 최고 장점이다. 그런 재미는 어느 직업에나 있다. 그걸 못 보거나 안 보려고 할 뿐. 이는 누가 알려주거나 회사가 교육시켜줄 수 있는 게 아니다. 전적으로 내가 발견하고 발전시켜야 하는 것이다.

우리는 돈을 벌기 위해 일을 한다. 부정할 수 없는 사실이다. 그러나 동시에 나는 일을 통해 세상을 바라본다. 일을 통해 누군가를 더 행복하게 만들고 있음에 감사한다. 당신은 어떤가? 그 의미를 제대로 붙들고 있다면 일이 주는 재미를 제대로 즐기고 있는 것이다.

나를 증명하려 들지 말고 표현할 것

TV 오디션 프로그램 출연자처럼
누군가에게 잘 보이려고 애쓰지 마라.
내가 할 일, 할 수 있는 일에 집중해야 한다.

'명화야, 괜찮아. 잘려도 돼!'

맥킨지 시절 B그룹 프로젝트를 진행할 때의 일이다. 밤늦도록 보고서를 만지작거리며 엑셀 분석을 돌리고 있었다. 그러다 갑자기 펼쳐진 노트 한 귀퉁이에 무심히도 저런 문구를 쓰고 있는 게 아닌가. 너무 놀랐다. 잘려도 괜찮다니… 당시 그곳에서 나는 누구보다 열심히 일하고 있었다. 원하던 곳에서 일할 기회를 잡아 잘해보겠다는 의욕으로 불타던 시절이었다. 최소한 나는 그렇게 믿고 있었다. 그런데 대체 무슨 생각으로 그런 글을 쓰고 있던 걸까?

맥킨지에는 외국인 파트너가 많아서 팀 회의가 주로 영어로 진행된다. 입사와 동시에 나는 의도치 않게 회의 시간에 조용한 사람이 되어버렸다. 미국 유학으로 영어는 어느 정도 자신이 있었지만, 네이티브들과 치열하게 토론을 벌여야 하는 팀 회의는 전혀 다른 차원의 영어 실력을 필요로 했다.

'이렇게 말해야지, 이 단어를 써서 이런 식의 문장으로 마무리해야지. test보다는 동사 explore가 더 적합할 거야.' 마음속으로 할 말을 정리하고 막 입을 떼려 하면 회의는 끝나버렸다. "Ok, let's call it a day. we will discuss it again tomorrow."

그렇게 침묵이 길어질수록 입을 열기가 더 어려워졌다. 어쩌다 의견을 말했는데 브로큰 잉글리시가 튀어나와 주변을 실망시키면 어쩌나 싶어 좀처럼 입을 떼기가 쉽지 않았다. 행동이 조심스러워지고 그럴수록 점점 더 자신감이 없어졌다. '나를 어떻게 평가할까? 갓 입사한 신입인데 딱히 의욕이 없는 애 같다고 생각하겠지?' 조바심만 커졌다.

맥킨지는 일 년에 두 번, 모든 컨설턴트들을 평가한다. 성과가 낮은 하위 인원들을 바로 퇴출시키는 회사였기에 나는 언제 잘릴지 모른다는 불안감에 사로잡혀 있었다.

몹시도 일해보고 싶은 회사였다. 어떻게든 그곳에서 잘해내고 싶었다. 그런데 현실은 언제나 의욕을 배반했다. 나를 증명해보려 의욕을 불태우며 파이팅을 외칠수록 나는 점점 더 초조해지고 작아져만 갔다.

'명화야, 괜찮아. 잘려도 돼!' 그렇게 쓰고 나자 맥이 탁 풀렸다. 이상하게 마음이 편안해졌다. 팽팽하게 당겨졌던 부분이 원래의 탄성으로 돌아오는 느낌이랄까. 내가 어쩔 수 없는 일도 있는 거니까.

노트에 써놓은 글을 한참 동안 들여다봤다. 그리고 담담하게 내 마음속에 흐르는 생각을 인정하기로 했다. 만약 그때 '이게 무슨 소리야!' 하고 그 종이를 찢어버렸다면 상황은 더 어려워졌을지 모른다. 다행히 나는 마음의 소리를 외면하지 않았다.

나 자신에게 초점을 맞추자
비로소 나타난 변화들

참 신기했다. 나를 다독이며 상황을 받아들이자 두려움이 사라졌다. 그만둔다고 생각하니 파트너와 클라이언트에게 잘보이려 애쓰거나 동료들의 시선에 집착하지 않게 됐다. 어제까지만 해도 파트너 앞에서 실수하지 않으려고 잔뜩 긴장해서 말을 삼키던 내가 팀 회의에서 목소리를 내기 시작했다. "I don't think so." 콩글리시를 남발하며 내 의견을 말했다. 동료들과 파트너의 표정이 달라지는 게 느껴졌다. 어쨌든 자기 의견을 말하는 내 이야기에 귀를 기울이며 주목해주기 시작했다.

또 하나, 중요한 변화가 찾아왔다. 오직 나를 위해 맥킨지의 모든 지식을 흡수하리라 마음먹게 된 것이다. 곧 잘릴 수도 있다고 생각하자 있는 동안 그곳에서 '최대한 모든 것을 흡수하리라'는 의욕이 넘쳐나기 시작했다. '오늘이 가기 전에 맥킨지의 모든 지식을 공부하고 말리라.'

매일 매일이 마지막인 것처럼 밤새 자료를 보며 머릿속에 다 집어넣으려 했다. 궁금한 것은 다른 나라에 있는 컨설턴트들에게 문의해 알아내고, 관련 자료도 요청해 공부했다. 그렇게 공부를 하다 보니 콘텐츠가 점점 쌓여갔고, 콘텐츠가 쌓이니 회의 때 할 말이 더 많아졌다.

어느 순간부터 선순환을 타기 시작했다. 갈수록 성과가 좋아지고 승진을 하고 보너스도 많이 받았다. 그러더니 어느 날 대기업으로 스카우트되는 일로 이어졌다.

증명에 목숨 거는
오디션 무대에서 내려와라

상황이 어렵고 일이 꼬일수록 답은 내 안에서 찾아야 한다는 것을 깨달았다. 타인에게로만 향하던 시선을 내부로 돌려야만 문제해결의 실마리가 보인다는 것을. 타인의 평가가 아닌, 그들에게 잘 보이려고 하는 것이 아닌, 내가 알아야 할 것과 말해야할 것, 내가 할 수 있는 것에 집중할 때 외부 문제도 해결될 수 있다는 것을 나는 비로소 깨달을 수 있었다.

사회생활은 우리의 시선을 끊임없이 외부로 향하게 만든다. 수많은 이들과 함께 일하며 프로젝트로 나를 보여주고 평가받기 위해서는 남들의 시선에 긴장할 수밖에 없다. 마치 외부적 평가에 주파수를 맞추려 애쓰는 TV 오디션 프로그램의 출연자처럼. 그러다 보면 너무 경직되어 정형화된 생각을 하거나 자신을 각색하게 된다. 기필코 더 잘 보이겠다는 강박에 상황은 더 꼬이게 된다.

오래전 그 경험을 통해 나는 누군가에게 '증명'하는 존재가 아닌 '표현'하는 존재라는 것을 깨달았다. 증명하려 할수록 망하게 된다. 상황이 어려울수록 나의 내면, 내가 할 일, 할 수 있는 일에 집중하고 나아가 내 방식대로 표현해야 한다. 나 자신에게 집중해야 돌파할 수 있는 길이 열린다는 것. 벼랑 끝에서 얻게 된 소중한 교훈이다.

나를 둘러싼 관계를
새롭게 디자인할 것

안 쓰던 근육을 쓰면서 몸이 유연해지듯
새로운 만남은 새로운 생각을 가져와
사고의 지평을 넓히고 시야를 틔운다.

인간관계는 계절과 같다. 가족이나 가까운 친구처럼 평생을 가는 관계가 있다. 반면 겨울이 지나 봄이 오듯 자연스럽게 흘러가거나 스치고 지나가는 인연도 있다. 모든 인연이 항상 지속돼야 하는 건 아니다. 어느 시절 나의 삶에 꼭 필요한 사람이 곁에 있다면 그와 친구가 되어 영감을 주고받을 수 있다.

그리고 그 시기가 지나면 각자 서로 다른 성장 패러다임 속에서 새로운 사람과 또 다른 인연을 맺게 된다. 관계는 고여 있지 않고 흐르는 것이 좋다. 나의 성장과 함께 계절처럼 오고 가는 관계야말로 진정 건강한 관계다.

나답게 일한다는 것

주어진 관계를
다 짊어지고 가지 마라

다른 인생을 살고 싶다면 먼저 세 가지를 바꾸라는 말이 있다. 습관, 공간 그리고 사람. 그중 가장 어려운 게 사람이다. 더욱이 과거에는 가족, 학연, 지연 등 인간관계의 폭이 좁았고 한번 맺은 관계는 쉽게 정리하기 어려웠다. 우리 사회가 오래된 관계를 중시하고 이에 연연하는 경향이 큰 탓도 있다.

오래된 관계의 정서적 지지는 힘이 된다. 하지만 동시에 고통이 되기도 한다. 정서적 지지가 변질되어 나를 옭아매는 굴레가 되는 경우도 있다. '내가 너에게 어떻게 했는데', '네가 나한테 어떻게 이럴 수가 있어' 이런 식의 원망과 서운함은 주로 오래되고 가까운 관계에서 발생한다. 하지만 감정의 농도가 끈적해지거나 집착하는 경향이 생기면 관계의 건강은 손상되기 시작한다.

성장을 위해서는 필요한 자극점들이 있다. 그리고 그러한 자극점은 새로운 관계를 통해 얻어지곤 한다. 한 사람을 만난다는 것은 그 사람의 세상을 다 만난다는 의미이기 때문이다. 지금 우리가 사는 세상을 보자. 원한다면 세상 누구와도 연결될수 있다. 언제든 내가 원하는 공동체를 선택할 수도 있다. 그뿐인가. 가족도 다양한 형태로 진화하는 중이다. 주어진 관계의 틀 안에 나를 가두지 말고, 보다 적극적으로 나와 나를 둘러싼 관계를 디자인해볼 필요가 있다.

낯선 불편함이
가져다주는 것들

때론 의도적으로 관계의 성격을 바꿔야 한다. 사람 간의 갈등으로 회사를 그만두었다면 그 회사 사람들과는 인간적 관계로만 만나는 게 좋다. 떠난 회사의 김 팀장, 박 부장 이야기를 계속 들어야 하는 건 고역이다. 이제 나와 상관없는 사람인데, 같이 험담을 해도 재미없고 잘나가는 영웅담에 응수하는 것도 무의미하다.

우리가 맺어야 할 관계는 지금 내가 가고자 하는 방향에 영감을 줄 수 있는 관계다. 시간 가는 줄 모르고 몰입해 이야기 나눌 수 있는 그런 관계. 물론 쉽게 찾아지지 않는다. 하지만 시간과 노력을 들여서라도 찾아내어 성장에 필요한 에너지원으로 만들어야 한다.

새로운 관계는 '낯선 불편함'을 가져온다. 요가를 하면 안 쓰던 근육을 쓰면서 몸이 유연해지고 내가 내 몸을 주도적으로 이해하게 된다. 새로운 만남 역시 마찬가지다. 안 하던 생각, 새로운 생각을 하게 되면서 사고의 지평이 넓어지고 의외의 통찰을 얻게 된다. 문제해결력에도 도움이 된다. 다양한 캐릭터를 많이 접하면서 레퍼런스가 늘어나기 때문이다.

그뿐 아니다. 세상이 넓은 걸 인식하면 상대적으로 나는 작아진다. 나의 대단함이 줄어든다. 내가 가진 문제도 작아진다. 비로소 시야가 트이는 것이다. 우물 안 개구리에서 벗어나 더 큰 세상을 보게 된다.

지혜로워진다는 건 버려야 할 것과 멈춰야 할 때를 잘 아는 일인 듯싶다. 비워야 채울 수 있고 흘러가야 새로운 곳에 당도할 수 있으니까. 관계도 마찬가지다. 내가 그를 만나고 그가 나를 만난 후 서로가 한 뼘이라도 성장했다면 그것으로 족하다.

'나'는 하나의 모습으로 존재하지 않는다.

내 안에는 진지한 어른도, 똘기 충만한 청년도,

놀기 좋아하는 꾸러기도 들어 있다.

'나'라는 존재는 끊임없이 탐구하고

발견해도 부족한 보물섬과 같다.

전략적인 밑그림, 나에 대한 브랜드 하우스를 그려보고

뽀시락거리며 이것저것 탐색해보자.

낯선 사람과 낯선 상황에 기꺼이 뛰어들고,

나만의 콘텐츠를 발굴하고 키워가면서

메타버스 속에서 복수의 인생도 살아보자.

나다움을 회복하고 나를 확장함으로써

궁극적 행복에 도달할 수 있을 것이다.

4장

나라는 브랜드를
돋보이게 만드는
10가지 전술

브랜드 하우스
나만의 성장 전략을 구축하라

기업은 브랜드 전략을 짤 때 브랜드 하우스라는
프레임을 활용한다. 브랜드 하우스를 활용해
나라는 브랜드의 아이덴티티를 정리해보자.

나는 사람을 만날 때면 자연스럽게 그 사람만의 브랜드를 찾아 읽어보려 한다. 한눈에 선명하게 각인되는 브랜드도 있고, 알수록 더 궁금해지는 브랜드도 있다. 그런가 하면 몇 번을 만나도 모호하고 매력이 없어 더는 알고 싶지 않은 브랜드로 느껴지는 사람도 있다.

잘 알려진 회사를 다닌다고 그 회사가 나를 설명해주지는 않는다. 명품 회사에 오래 다니다 보니 어느 순간 스스로가 명품인 양 행동하는 사람이 있다. 그런 이는 세련됨보다는 까칠한 배타성으로 중무장되어 있다. 누구나 부러워하는 스타트업에 다닌다고 마치 자신이 곧 그 기업 문화의 표상인 양 착각하는 사람도 있다. 출퇴근 시간과 옷차림만 자유로울 뿐 마음은 꽁

꽁 얼어붙은 꼰대의 모습인 것을 모른 채.

내가 다니는 회사가 나는 아니다. 내가 하는 일도 내가 아니다. 나는 그 모두를 포함한 것보다 더 큰 개념이다. 나는 내가 지향하는 가치를 상징하며 표현한다. 결국 우리 모두는 각자가 하나의 고유한 브랜드다.

스스로를 두고 '나는 ○○호텔 영업부에서 근무하는 이 과장'으로 인지하지 말자. '나는 ○○○라는 브랜드인데, 대한민국 최고의 영업 프로페셔널이 되려 한다. 그리고 지금은 ○○호텔에서 방을 팔고 있다'라고 인지하자. 이렇게 정의를 바꾸면 내가 지향하는 바가 명확해진다. 어떤 노력을 해야 하는지도 명확해진다.

내가 지켜내야 하는 것은 '○○○'이라는 내 브랜드의 탁월성이고, 내가 갈고 닦아야 하는 것은 영업맨으로서의 프로페셔널리즘이다. 그것을 위해 나는 호텔뿐 아니라 다른 산업, 다른 업종에서는 어떻게 영업하고 있는지 알아야 한다. 디지털을 활용한 최신 영업에 대한 공부도 게을리하지 말아야 한다. 회사 간판과 명함 뒤에 가려진 내가 아닌 '업(業)' 앞에 서 있는 내가 되는 것이다.

나의 아이덴티티와
핵심 메시지는 무엇인가

볼보, BMW, 벤츠 이 세 회사는 고급 자동차라는 점에서 포지셔닝이 비슷하다. 그러나 그들 각자가 전하는 핵심 아이덴티티는 전혀 다르다. 볼보는 안정성, BMW는 운전 성능, 벤츠는 럭셔리와 안락함이다. 각각의 브랜드는 자신들의 제품과 고객 커뮤니케이션 등을 통해 끊임없이 브랜드 정체성을 전하고, 소비자들은 각각의 브랜드를 해당 가치로 인식하게 된다. 그리고 그 가치가 자신의 니즈와 맞다고 생각되면 구매를 결정한다.

'나'라는 브랜드도 마찬가지다. 내가 궁극적으로 지향하는 가치가 분명할 때 사람들은 나에 대해 특정한 이미지를 갖는다. 그것이 바로 나의 차별적 정체성이 된다. 이 정체성은 나 스스로에게 일관성 있는 방향성을 제시하는 것에 있어 중요한 역할을 한다. 커리어를 선택할 때도, 여유 시간을 활용할 때도, 부캐를 가질 때도, 어떤 사람들과 돈독한 관계를 유지해야 할까를 고민할 때도 내가 지향하는 가치의 방향을 제시한다. 그 방향에 따라 노력이 모이고 시간과 함께 완성되어간다.

나의 지향점
'생각을 나누는 사람'

내가 지향하는 가치는 '생각을 나누는 사람'이다. 내 생각을 잘 정리하고 전달해서 필요한 사람들에게 도움을 주었으면 좋겠다. 사람들이 내 생각이 궁금해서 내 책과 유튜브를 찾아봤으면 좋겠고, 강의나 자문을 통해 사람들의 생각에 새로운 '각'을 줄 수 있으면 좋겠다. 나아가 우리 회사 블러썸미가 서로의 생각을 나누고 함께 성장하는 플랫폼으로 자리 잡기를 원한다.

소수의 사람이더라도, 아주 작은 인사이트라 해도 괜찮다. 어느 순간 누군가의 판단에 도움이 되고 희망과 용기를 얻는 모먼트를 제공한다면 나의 모든 오늘은 충분히 보상받은 것이기 때문이다.

이런 가치를 지켜나가기 위해서는 부단한 노력이 필요하다. 끊임없이 새로운 생각을 받아들여야 하고 남의 이야기에도 귀를 기울일 줄 알아야 한다. 내 세계가 전부인 양 옹졸해져서 꽁꽁 닫혀 있거나 자만에 빠지는 것은 절대 경계할 일이다.

나 역시 이 모든 것에 완벽하지 않다. 여전히 쉽지 않고, 여전히 부족한 점이 많다. 그러나 내가 가고자 하는 지향점을 정확히 알고 있기에, 자주 헤매고 비틀거려도 어쨌든 버텨내며 오늘을 통과하고 있다. 만일 이런 지향점이 명확하지 않다면 선택의 기로에서 매번 갈팡질팡할 것이고, 상황에 따라 되는 대로 살게 될 것이다.

한 장에 담는 인생 설계, 브랜드 하우스 그리기

기업에서 브랜드 전략을 짤 때 '브랜드 하우스'라는 프레임을 활용한다. 개인도 이것을 활용해 자신의 브랜드 아이덴티티를 정리해볼 수 있다. '나'라는 브랜드의 지향 가치, 핵심 메시지, 차별성, 경쟁력 등을 한 장에 정리해봄으로써 셀프 브랜딩의 방향성을 세울 수 있다.

한 장을 채우는 것이 생각보다 쉽지는 않지만 하다 보면 재미도 느끼게 된다. 미처 생각하지 못했던 내 경쟁력을 발견하기도 하고, 내 차별성이 너무 많이 분산되어 오히려 무엇 하나 도드라지는 게 없다는 걸 발견할 수도 있다.

브랜드 하우스는 한 번 그려 놓았다고 해서 고정되는 것이 아니다. 나에 대해 더 많이 알게 되고, 생각이 달라지고, 여러 새로운 기회가 생김에 따라 함께 진화한다. 그러니 처음부터 근사한 브랜드 하우스가 그려지지 않는다고 실망할 필요는 없다. 자신의 브랜드 하우스를 정리함으로써 자신의 판단과 행동들이 하나의 방향성을 갖추는 것, 그것이 브랜드 하우스를 그려보는 진짜 이유다. 일단은 이 이유에 집중하자.

오른쪽 그림이 바로 우리 각자가 그려야 할 브랜드 하우스다.

브랜드 하우스 최상단에는 '브랜드 정체성(Brand Identity)'이 자리한다. '나'라는 브랜드의 정체성, 즉 내가 어떤 사람인지를 설명하는 핵심 메시지다. '어떤 일을 한다'라는 직업적 설명이 아닌 내가 궁극적으로 지키고자 하는 가치가 중심이 되어야 한다.

'자연을 해치지 않는 외부 활동 지원자.' 누구의 아이덴티티일 것 같은가? 아웃도어 의류 브랜드 1위인 파타고니아가 스스를 설명하는 정체성이다. 그들은 세계 최고의 아웃도어 의류를 생산하고 있지만, 자신들을 좋은 옷을 파는 브랜드라고 설명하지 않는다. 파타고니아는 자사의 옷을 통해 궁극적으로 이루어내고 싶은 가치를 아이덴티티로 설정했다. 이 정체성을 증명하기 위해 '옷을 자주 사지 말라(Don't Buy This Jacket)'는 캠페인을 벌이는 등 환경을 지키는 일에 앞장서고 있다.

브랜드 정체성 아래에는 '브랜드 약속(Brand Promise)'이 자리잡고 있다. 보통 한 단어로 축약되는데 코카콜라의 '젊음', 애플의 '혁신'과 같이 내가 보여주고 이끌어갈 가치를 집약적으로

나의 브랜드 하우스

브랜드 정체성
Brand Identity

브랜드 약속 Brand Promise

브랜드 슬로건 Brand Slogan

| 가치 제언 1 | 가치 제언 2 | 가치 제언 3 |
| Value Proposition 1 | Value Proposition 2 | Value Proposition 3 |

브랜드 자원 Brand Resource

역량 Capability

- **브랜드 정체성**   나를 설명해주는 핵심 메시지
  예) 자연을 해치지 않는 외부 활동 지원자

- **브랜드 약속**   내가 추구하는 집약적 가치
  예) 젊음, 혁신, 재미

- **브랜드 슬로건**   나의 가치를 쉽게 전달할 수 있는 간결한 문구
  예) 우리 강산 푸르게 푸르게

- **가치 제언**   브랜드 정체성을 실현하기 위한 나만의 강점

- **브랜드 자원 및 역량**   지식, 기술, 경험, 커리어, 성격 등 내가 고유하게 갖고 있는 긍정적 자원과 능력

표현해야 한다. 그리고 그 약속과 어울리는 슬로건도 만들어볼 수 있다. LG의 'life is good', 유한킴벌리의 '우리 강산 푸르게 푸르게'처럼 브랜드의 가치를 쉽게 전할 수 있는 것이면 좋다.

이를 떠받치고 있는 기둥들은 '가치 제언(Value Proposition)'이다. 나의 지향점을 분명히 하고 브랜드 정체성을 지속적으로 실현하기 위해 내가 갖추고 있는, 아니면 향후 갖추어야 할 나만의 차별성이다. 나의 경쟁력이자 강점이 될 수 있다.

이 모든 걸 떠받치는 초석에는 '브랜드 자원(Brand Resource)'과 '역량(Capability)'이 자리한다. 브랜드 자원에는 나의 학문적 배경, 경험, 특징 등 내가 확보한 자원들이 정리되고, 나의 역량적인 측면도 함께 고려될 수 있다.

15년 차 열혈 워킹맘의
브랜드 하우스가 가져온 변화

나의 사랑스러운 후배, C의 브랜드 하우스를 예로 들어보자. 그녀는 식품 회사 제품 개발실에서 근무하는 팀장이다. 직장생활 15년 차, 7세 딸을 둔 열혈 워킹우먼이다. 식품 공학을 전공하고 이 회사에 몸담아 R&D, 기획 등을 거쳐 현재는 제품 개발실에 있다. 보다 폭넓은 지식을 갖추고 싶다며 3년 전 국내 MBA에 등록해 알차게 공부했고 졸업까지 해냈다. 똘망한 외모와 다부진 걸음걸이로 주위를 두루 살피며, 새로움을 익히는 것에 매우 부지런한 사람이다. 그러다 어느 하나에 꽂히면 진심을 다해 헌신하는 사람이기도 하다. 동시에 열렬한 '아미'다.

그녀는 스스로를 '새로운 아이디어를 제시하고 추진하는 아이디어 발전소'로 정의한다. 이것이 그녀의 브랜드 정체성이다. 매일매일 작은 일에서 새로움을 찾아 변화를 추구하는 점진적 혁신가라는 친절한 설명도 덧붙였다. 브랜드 약속으로는 '융복합적 문제해결력'을 꼽았다. 공대 출신의 전문성과 사내 기획부서, MBA 등의 경험이 결합된 점을 부각시킨 것이다. 추구 가치와 연계된 대표 슬로건은 'Amazing idea melting pot, ○○○(이름)'으로 정했다.

세 가지의 구체적 차별성은 '새로움에 도전하는 아이콘', '덕후적 집요함의 결정체', '주변 사람 잘 모으는 인싸'로 정했다. 새로운 경험을 두려워하지 않고 한번 마음을 두면 끝을 보고 마는 추진력, 주변 사람을 잘 모으는 데다 정보력에도 뛰어난 그녀 자신의 장점을 잘 파악하고 있는 듯하다. 브랜드 자원에는 자신의 전공에서 오는 전문성, 회사 내 여러 부서를 거치면서 쌓은 복합적 경험, 회사 안에서뿐 아니라 외부에서의 다양

후배 C의 브랜드 하우스 예시

브랜드 정체성
새로운 아이디어를 발굴하고 추진하는
아이디어 발전소

브랜드 약속 융복합적 문제해결력

브랜드 슬로건 Amazing idea melting pot, ○○○

가치 제언 1 새로움에 도전하는 아이콘	가치 제언 2 덕후적 집요함의 결정체	가치 제언 3 주변 사람 잘 모으는 인싸

브랜드 자원 및 역량	식품 공학 전공, 경영 MBA, 기획, R&D, 제품 개발 등을 두루 거친 경력, 회사 내 여성 직원 모임 회장, 대학 동 창회 부회장, 5년 차 ARMY

당신의 브랜드 하우스는?

• 브랜드 정체성
_____

• 브랜드 약속
_____

• 브랜드 슬로건
_____

• 가치 제언
_____

• 브랜드 자원 및 역량
_____

_____

나답게 일한다는 것

하고 넓은 네트워크 등이 자리 잡았다.

이렇게 브랜드 하우스를 완성해놓고 보니, 자신이 어떤 사람이고 무엇을 지향하며 앞으로 어떤 노력을 더 해야 하는지가 뚜렷해졌다고 한다. 자신에 대해 뿌듯함도 느껴지고, 노력하며 잘 살아내고 있는 자신이 스스로 대견하다고도 말했다. 그리고 새로운 경험을 두려워하지 않고 보다 적극적으로 기회를 찾아야겠다는 말도 덧붙였다. '아이디어 발전소'라는 브랜드 정체성을 더 공고히 하기 위해 앞으로 해야 할 공부도 많고 하고 싶은 일들도 많아졌다고 했다. 그녀의 새해 출발이 유독 더 활기차 보였다.

브랜드 하우스를 그릴 때
알아야 할 것들

자 이제, 당신 차례다. 단언컨대 나의 브랜드가 어떤 것인지 초안만 잡을 수 있어도 삶에서 접하는 많은 문제의 우선순위가 정리된다. 중대한 선택에 있어 명확한 판단 기준이 되기도 한다. 처음 브랜드 하우스를 그리는 사람들을 위해 몇 가지 팁을 제시해본다.

첫째, 브랜드라는 개념이 너무 막연해 아무 생각도 할 수 없다면 일단 아래에서 위로 접근하자. 즉, 나라는 브랜드의 자산과 역량을 먼저 작성해보는 것이다. 그후 상위 항목으로 옮겨가며 생각을 전개하다 보면 나에 대한 형상이 명확해진다.

둘째, 나라는 존재에 대해 깊게 성찰하는 시간을 갖기 바란다. 내가 궁극적으로 바라는 것이 무엇인지, 남과 다른 차별성은 무엇인지 스스로에게 묻고 답해보는 것이다. 보다 정확하게 나를 파악하기 위해 주변의 피드백도 놓치지 않기 바란다. 나의 강점과 약점에 대해 주변의 이야기를 수집하면 브랜드 하우스를 작성할 때 도움이 된다.

셋째, 브랜드 하우스를 작성할 땐 꼭 현재 달성한 모습이 아니어도 괜찮다. 되고 싶은 나, 향후 지향점을 고려해 작성하는 것도 좋다. 다만 그것이 '나'다운 가치인지를 꼭 따져보기 바란다. 나다운 모습이 아니라면 끝까지 지속하기가 어렵다.

넷째, 한 번 작성했다고 끝났다고 생각하지 말자. 브랜드하우스는 살아있는 생물처럼 내 생각과 환경의 변화에 따라 계속 업데이트된다. 주기적으로 확인하면서 달라진 점, 생각과 기회의 변화를 반영하라.

간단해 보이지만 나만의 브랜드 하우스를 만드는 것은 쉽지 않다. 모범 답안이 있는 것도 아니다. 중요한 것은 종이 한 장을 채울 때까지 나를 탐구하고 재발견해가는 과정이다. 그러니 포기하지 말고 계속 고민하길 바란다. 공들이고 고민한 시간만큼 가치가 있다.

시장조사
나라는 브랜드의
경쟁력을 찾아라

나라는 브랜드의 경쟁력은 무엇인가.
나의 시장 경쟁력을 제대로 파악하고 싶다면
가족, 지인, 동료 등에게 피드백을 받아보자.

우리는 많은 시간 남 이야기를 한다. 남 이야기를 듣기도 하고 영상으로 보기도 한다. 남에 대한 판단도 잘하고 가십에도 관심을 갖는다. 온종일 남에 대한 생각으로 머릿속이 가득 차 있다. 그런데 정작 나 자신에게는 그만큼의 관심을 기울이고 있는지 의문이다. 나를 이해하고 파악하기 위해 시간을 쏟으며 진지했던 게 언제였던가?

주변에 나에 대한 피드백을 구하는 일은 나를 알아가는 데 중요한 역할을 한다. 일종의 시장조사 활동이다. 마케팅에서 그 브랜드의 시장 경쟁력을 파악하기 위해 꾸준히 시장조사를 하듯, 나라는 브랜드를 제대로 알기 위해 피드백을 구하는 일이다. 누구에게 어떻게 피드백을 받는 것이 좋을까?

누구에게 피드백을
구할 수 있나

피드백을 구할 대상으로 세 집단을 생각해볼 수 있다. 각각 기대할 수 있는 이점이 다르다.

첫째 집단 가족 및 가깝고 친한 친구들. 비교적 솔직한 나의 모습을 잘 알고 있는 사람들이라 의미 있는 피드백이 나온다. 기업 마케팅에서 그 브랜드의 핵심 타깃, 충성 고객들에게 접근해서 리서치할 때 깊은 인사이트가 수집되곤 하는 것과 같은 이치다. 진정성 있는 피드백은 오랜 기간 내 곁에서 나를 이해하고 애정해주는 사람들에게서 나올 수 있다.

둘째 집단 친구라기보다 지인이라 표현되는 사람들이다. 조금 거리를 두고 만나는 이들이 여기에 해당된다. 이들에게는 내가 보여주고 싶은 부분만 보여줬겠지만, 그럼에도 그들이 나에 대해 갖고 있는 인사이트는 중요하다. 약간의 거리를 두고 나를 보는 사람들이기 때문에 객관적인 인풋이 가능하다. 너무 가까운 사람들의 경우 오히려 나의 변화에 둔감한 반면, 이들은 나의 변화를 비교적 잘 알아챈다.

나답게 일한다는 것

셋째 집단 나를 외부적으로 보는 관계의 사람들. 클라이언트나 직장 상사 혹은 SNS로 소통하는 소셜 친구 등이 해당된다. 나를 잘 알지 못할 수도 있지만, 때로는 이들의 피드백이 나에 대한 시장의 피드백과 가장 유사할 수 있다. 내 의도와 관계없이 내가 어떤 사람으로 느껴지고 보이는지, 그들의 반응이 외부적으로 드러난 나의 이미지와 가장 가까울 수 있기 때문이다.

가장 가까운 친구는 내 열정적인 면을 잘 보고, 지인들은 내 능력적인 면을 얘기해주며, 외부적 관계의 사람들은 사회적 존재로서 내 장단점을 알려줄 것이다. 그러니 세 집단 모두에게서 골고루 피드백을 받는 게 좋다.

무엇을 어떻게
피드백 받을까?

피드백을 받을 때 굳이 각 잡고 리서치할 필요는 없다. "저에 대한 피드백 좀 해주실래요? 제 성장에 꼭 필요한 중요한 인풋이 될 거예요. 저는 저라는 사람의 브랜드 하우스를 그리고 있는 중이거든요!" 만약 이런 식으로 접근한다면 상대의 얼굴빛이 심상치 않게 변할 것이다. "아, 급한 문자가 와 있네. 이거 먼저 처리하고 얘기해요"라며 그 자리를 피해버릴지도 모른다.

편안한 자리에서 기회가 있을 때 자연스럽게 의견을 구하자. 직접적으로 "나에 대한 피드백 좀 해주세요"가 아닌 비유나 은유적인 표현으로 접근하면 더 쉽다. 예를 들어 "혹시 나를 보면 떠오르는 드라마나 영화 캐릭터 있니? 게임 캐릭터도 좋고", "나를 생각하면 어떤 단어가 떠올라? 깊이 생각하지 말고 그냥 세 가지만 던져 봐", "색깔로 표현하면 나는 어떤 색인 것 같아?" 이런 식의 질문을 던져보는 것이다.

상대에 대한 이야기를 먼저 해주면서 나에 대한 피드백을 구하는 것도 좋은 방법이다. "나, 요즘 〈에밀리 파리에 가다〉를 보고 있는데, 거기 나오는 에밀리의 상사를 볼 때마다 네 생각이 나더라. 쿨하게 무심히 던지는 말투가 딱 너야." 이렇게 상대에게 먼저 관심을 표하면, 나에 대한 피드백도 여러 각도에서 받을 수 있는 가능성이 커진다.

벤치마킹

레퍼런스를 축적해
내 것으로 만들어라

100명의 사람에게 100가지 답이 있다.
타인의 삶을 통해 나의 레퍼런스를 쌓다보면
어느새 나만의 각이 만들어진다.

나는 리더십에 대한 고민이 많았다. 회사에서 유일한 여자 임원이었고 주변에 마땅히 참조할 만한 롤모델도 없었다. 한편으론 내가 곧 누군가의 롤모델이 돼야 한다는 부담감도 있었다. 그래서 다양한 사람의 여러 면을 집중적으로 관찰했다. 이 사람에게서는 아랫사람을 자기 사람으로 만드는 법을, 저 사람에게서는 일의 추진력과 전문성을 배우는 식이었다. 그렇게 각기 다른 영역의 노하우를 나의 것으로 삼기 위해 주변을 면밀히 관찰하고 고민했다. 나만의 레퍼런스를 오랫동안 쌓아온 셈이다.

100명이 100가지 해답을 갖고 사는 세상이다. 하나의 정답 하나의 좋은 본보기란 없다. 예전에는 롤모델을 정해서 그의 모

든 행보를 참조하는 것이 나쁘지 않은 선택이었다. 하지만 이제
는 좀 달라져야 한다. 누군가를 정답이라 여기며 그 사람을 통
째로 참조하기보다 다양한 사람들의 레퍼런스를 골고루 참조
하는 편이 더 현명하다. 기업에서 전략을 짤 때 다른 기업들의
특정 면을 열심히 벤치마킹하듯이 모든 사람에게서 내게 필요
한 해답을 얻는 것이다. 그렇게 나는 다른 이에게서 레퍼런스
를 찾고, 누군가에겐 나의 일면이 레퍼런스가 된다.

사유가 있어야
관찰도 의미 있다

그런데 관찰이라는 건 무작정 쳐다보는 게 아니다. 의미 있는
관찰을 하려면 사유의 과정이 따라줘야 한다. '이 사람은 이런
문제를 어떻게 대하나'라는 구체적 포인트를 잡고 관찰을 해야
의미 있는 지점을 포착할 수 있다. MZ세대들을 이해하겠다고
무작정 홍대 앞에서 그들을 지켜본다 한들 발견되는 것은 별
로 없다. 그들이 친구들과는 어떻게 어울리는지, 어디서 모이고
어떤 이야기를 나누는지, 누구를 친구로 여기는지, 어떤 가게
에 들어가는지, 그 선택의 기준은 무엇인지. 이러한 구체적 상

황을 설정하고 그 안에서 면밀히 관찰해야 한다. 그래야 기성세대와는 다른 그들의 특질이 눈에 띄게 된다.

관찰도 능력이다. 같은 자극이 있더라도 자기 걸로 만드는 사람이 있는가 하면 무심히 흘려버리는 사람도 있다. 모든 걸 관찰할 수 없기 때문에 선별적으로 관찰하는 것이 좋다. 때론 미시적 관찰이 큰 통찰로 연결되기도 한다. 이런 과정에서 생각의 폭이 넓어진다.

관찰에서 가설로
가설에서 소설 쓰기로

그리고 관찰을 통해 가설을 많이 설정해봐야 한다. 나의 문제를 해결하기 위한 여러 방법을 가설로 세워두면, 다각도의 접근 방법을 생각해내는 능력으로 발전한다. 이렇게 생각해볼 수도 있고 저렇게 행동할 수도 있는 가설적 접근을 다양하게 시도해보는 것이다.

나는 이것을 '나만의 소설 쓰기'라고 부른다. 이때의 소설은 망상에 가까운 이야기가 아니라 면밀한 관찰을 바탕으로 지체 없이 앞으로 나아가게 하는 힘이 있는 가설적 계획을 의미한

나답게 일한다는 것

다. 소설을 가장 많이 쓰는 사람은 다름 아닌 CEO다. 그만큼 다양한 변수들을 고려해 가설적 계획을 많이 세워둬야 하기 때문이다.

소설이 없으면 그 어떤 일도 진행되지 않는다. 팩트가 앞으로 나아가게 만드는 힘이라고 생각하겠지만 그렇지 않다. 밀고 나아가는 힘은 소설, 즉 상상력에서 나온다. 팩트가 검증되면서 가설이 틀릴 수도 있다. 그때는 가설을 수정해 다른 방법을 시도해보면 된다. 가설적 사고력이 풍부해야 문제를 해결할 수 있는 시도의 기회가 많아지고, 가설은 관찰을 통해 레퍼런스가 풍부해질 때 더 쉽게 생성된다.

나는 관찰하는 것을 무척 즐긴다. 여행을 가서도 유명 관광지를 찾는 것보다 노천카페에 앉아 지나다니는 동네 사람들을 관찰하는 걸 더 좋아한다. 그들을 보며 이런저런 상상을 하고 혼자 재미난 이야기를 그려보곤 한다. '아, 저 사람은 분명 아이폰 빠일 거야. 옷차림도 그렇고 지금 주문한 커피를 보면 분명 집에 애플 제품 세 개는 있을걸?'

내게는 아주 재미있는 놀이다. 그런 관찰을 통해 내가 마주하고 있는 많은 문제들을 해결할 상상력을 충전하고 가설적으로 생각하는 습관을 강화한다.

영리한 참조는
창조의 바탕이 된다

100명의 사람에게는 100가지의 답이 있고 100개의 세상이 있다. 성공한 사람이 아니어도 상관없다. 실패하고 좌절한 사람, 망해가는 브랜드에서도 레퍼런스는 얻을 수 있다. 소설가들이 글쓰기 공부를 처음 시작할 때 다른 작품을 필사하는 일이 많다. 마찬가지로 타인의 삶을 통해 나의 레퍼런스를 쌓다 보면 어느새 나만의 각이 만들어진다. 차곡차곡 쌓인 레퍼런스들은 내가 어떤 결정을 내릴 때 그 사람이라면 어떻게 판단했을지에 대한 가설을 주면서 판단의 폭을 넓혀준다.

따라 하고 흉내 내는 것을 겁내지 마라. 영리한 참조는 언제나 창조의 근원이 된다.

관계 확장

**새로운 관계를 통해
자아를 확장하라**

나에게 자극과 동기를 주는 관계들이 있는가?
새로운 관계 만들기는 자아를 확장하는 데
필요한 준비 운동이다.

'열정적으로 무조건 뛰어들어라.'

이런 말에 별로 마음이 움직이지 않는다. '무조건', '무작정', '열정적으로' 이런 말이 주는 달콤함에는 독이 있다고 생각한다. 내가 까칠한 건가? 그런지도 모르겠다.

나는 될 거 같아야 열정도 생기고, 감이 잡혀야 작정이 없어진다고 믿는다. 몸 풀며 준비 운동을 먼저 해야 한다고 믿는다. 수심조차 체크하지 않고 다이빙했다간 낭패를 보기 십상이고, 생명이 위태로울 수도 있으니 말이다. 우리에겐 우선 준비 운동부터 하고 발부터 살짝 담가보는 과정이 필요하다. 그러고 나서 뛰어들어야 쓸모 있는 도전도 할 수 있지 않을까?

나답게 일한다는 것

내가 어떤 사람인지
기웃거리며 살피기

선뜻 과감하게 도전하기 전에 먼저 뽀시락거리며 나를 탐색해 보라고 조언하고 싶다.

'뽀시락거리기'의 핵심에는 사람이 있다. 그리고 그 사람들과 내가 맺는 관계의 성격이 존재한다. 먼저 내가 만나는 사람들을 살펴보자. 새로운 메시지가 반짝거리는 카톡 대화창들. 그 방들이 어떤 성격을 갖고 있는지 살펴보는 것이다. 나에게 새로운 생각을 하게 하고, 나의 다른 부분을 탐색하는 데 필요한 자극과 동기를 주는 관계들이 있는가? 그 관계들은 얼마나 많은 비중을 차지하는가?

새로운 관계 만들기는 자아를 확대하는 데 필요한 준비 운동이다. 따라서 내 삶의 다양한 레퍼런스가 될 수 있는 낯선 관계를 맺는 것이 필수적이다. 중요한 것은 고정된 나의 편견, 변하지 않는 습관, 오랫동안 이어져 온 가치관 등에 아주 작은 것이라도 변화의 실마리를 주는 관계를 구축하는 것이다. 성격상 사람들과 교류하는 게 어렵고 서툴다면 온라인 커뮤니티를 활용해도 좋다. 자신에게 맞는 방법을 찾아 시도하면 된다.

관계 확장을 위한
3단계 접근법

1단계 구독하기 수동적으로 자극을 받아들이면서 새로운 것을 탐색해보는 과정이다. 특정 주제에 대해 열정과 관심 그리고 능력이 있는지 여부를 파악하는 단계다.

2단계 상호작용 정보를 받아들이고 그 내용을 파악했다면 내 이야기를 해보는 단계다. 이때는 특정 커뮤니티에 속하는 게 중요하다. 의견을 제시하고 그것에 대한 챌린지도 받아보면서 적극적으로 상호작용해야 한다. 각종 온라인 커뮤니티와 살롱 형태의 소규모 모임 등을 활용해보길 권한다.

3단계 오프라인 만남 목적성을 갖고 만나는 것을 겁내지 마라. 특정 목표하에 단체를 만들거나 낯선 사람들과 소통하는 기회는 여러모로 의미가 있다. 정보 교환의 차원을 넘어서서 어떤 사안에 대해 열정적으로 논의하고 해결해보는 거다. 직장에서의 직급, 배경 등은 잊자. 특정 목적을 위해 만났으니 적극적으로 참여하고, 또 다른 계기로 흩어져도 괜찮다. 당위성이 아닌 목적성이 강한 만남이 되는 것이다. 단 한 가지 명심할 건 이런 모임에 갈 때는 제발 명함은 집에 두고 나가자.

한 사람이 오는 건 그 사람의 세상 모두가 오는 것이란 말이 있다. 이는 꼭 사랑하는 사람이나 결혼할 상대에게만 해당되는 것이 아니다. 우리가 만나는 모든 관계에 해당된다. 그만큼 우리는 사람과의 관계를 통해 큰 영향을 주고받는다.

낯선 사람들과 느슨한 관계를 유지하면서 새로운 영감과 정보를 주고받는 것이 중요한 세상이다. 내가 최근 가장 가까이 소통하고 있는 10명을 추출해보자. 그들과의 소통이 나에게 어떤 자극이나 영감을 주었는가? 소속감, 즐거움, 위로, 헌신, 배움, 나눔, 경제적 자유 등 나를 둘러싼 관계들의 목적성을 되돌아보고 상대적 비중을 조정해보자. 어떤 식이든 나를 새로움에 노출시켜 근육을 키우는 것이 물에 뛰어들기 전 해야 할 준비운동이다.

표현과 전달

나를 보여주는
콘텐츠를 개발하라

"나는 이런 사람이야"라고 혼자 알고 있어서는
나의 가치를 제대로 실현할 수 없다.
그것을 표현하고 전달할 때 그 가치가 커진다.

'전달되지 않은 가치는 아무 곳에도 쓸모가 없다.'

마케팅에서 종교처럼 붙잡고 있는 믿음이다. 아무리 내 제품이 뛰어나고, 아무리 내 브랜드의 가치가 차별적이어도 표현되고 전달되어야만 가치가 될 수 있다. 표현으로 공고히 전달되어야만 타인에게 영향을 줄 수 있기 때문이다. '모든 존재는 궁극적으로 더 좋은 세상, 더 나은 세상을 위해 탄생했다. 아무에게도 전달되지 않거나 왜곡되어 전달된 것은 쓸모가 없다'는 것이 바탕에 깔린 믿음이다.

나를 확장한다는 것도 마찬가지 이치다. 적절한 표현과 전달이 필요하다. '나는 이런 사람이야'라고 혼자 알고 있는 것만으로는 나의 가치를 제대로 실현할 수 없다. 그것을 표현하고 전달할 때 그 가치는 쓰임을 다한다. 산속으로 들어가 자연인으로 살아가지 않는 이상 우리는 모두 자아의 확장을 통해 나의 선의와 가치로 이 세상에 영향을 줄 수 있어야 한다. 그래서 공부도 하고 직업도 갖고 돈도 버는 것이다.

나를 어떻게 표현해야 할까? 이때 필요한 건 어렵고 거창한 생각이 아니라 작더라도 의미있는 행동이다. 아무도 내 이야기에 귀를 기울이지 않을까 봐 지레 겁먹지 말자. 인기가 없을 수도 있고 별 반응이 없을 수도 있다. 그건 그때 내가 전한 메시지가 조금 어설프고 타이밍이 어긋났던 것뿐이지, 나 자체가 거절된 건 아니니 오래 담아둘 필요가 없다.

소셜 계정에 두세 줄의 글을
올리는 것으로 시작하라

자신이 관심 있는 분야가 있다면 먼저 흐름을 꾸준히 지켜보자. 관련 책을 읽어도 좋고 유튜브를 봐도 좋고 강의를 들어도 좋다. 현장에 직접 가보고 경험할 수 있는 분야라면 현장 방문도 좋다. 그러면서 관련 자료를 정리해 블로그나 인스타에 올려보는 것이다. 편집 기술을 익힐 수 있다면 틱톡이나 유튜브와 같은 플랫폼에 공유해보는 것도 방법이다.

가령 카페 요리에 관심이 있다면 SNS에 계정을 만들어 여러 카페들을 비교하는 피드를 올리는 것으로 시작해보는 거다. 카페 트렌드를 정리하고 저마다의 섬세한 개성을 발견해서 코멘트를 달다 보면 어느새 자신의 취향과 생각을 표현하는 법을 익히게 된다. SNS에 서너 줄의 글을 올리고, 그게 누적되면서 트렌드를 읽는 힘이 자라난다. 나만의 콘텐츠는 그렇게 탄생한다.

비슷한 사람들과
교류를 시작하라

공유가 시작되면 자연스럽게 사람이 모인다. 비슷한 관심사와 취향을 가진 사람들이다. 그 사람들의 피드백을 받으면서 내 콘텐츠가 발전하고 재미도 배가된다. 이와 연계해 작은 커뮤니티를 만들어도 좋다. 몇몇 사람과 카톡방을 열어 심도 있는 정보를 나눠보고, 주말을 이용해 함께할 엉뚱한 일을 도모해볼 수도 있다. 교류를 통해 공부하며 성장하는 재미를 강화시켜나가는 것이다.

배우지만 말고
직접 가르쳐보라

다른 사람을 가르치다 보면 내 생각도 단단해지고 내 콘텐츠의 개선 방향도 더 잘 보인다. 누군가에게 무엇을 전달하는 과정에서 내용을 더 꼼꼼히 정리하게 되기 때문이다. 내가 아는 것, 경험한 것, 창고에 쟁여 놓았던 콘텐츠들이 체계적으로 정리되며 빛을 발한다.

가르치는 경험을 부담스럽지 않게, 그러나 조금은 적극적으로 시작해볼 필요가 있다. 커뮤니티에서 나의 경험을 나눌 기회가 있다면 적극적으로 나서보고, 회사에서 작은 강의 자리에도 도전해 내 생각과 경험을 나눠보자. 친구가 시작한 유튜브 방송에 나가보는 것도 좋고, 인스타그램 계정에 짧은 영상을 올려보는 것도 좋다. 학교나 직장 후배에게 '선배 이용권'을 쿠폰처럼 주고, 틈틈이 재능기부를 해보는 건 어떨까?

내 콘텐츠 중 어느 부분이 시장의 호응을 얻는지, 내 경험 중 어느 부분을 확장하면 좋을지 등을 가르치는 과정에서 더 크게 깨닫고 배우게 될 것이다.

유쾌한 일탈을
실행으로 옮겨보라

관심 분야를 탐구하고, 비슷한 사람들이 모여 함께 교류하고 있다면 유쾌한 일탈을 도모해보자. 직접 부딪쳐서 경험해보는 것만큼 좋은 공부는 없다.

이커머스를 시작해보는 것도 방법이다. 네이버 스토어에 작은 가게를 열어보거나 로컬 장터 플랫폼을 공략해보는 것도 좋다. 메타버스에 가게를 열어 시장 반응을 살피는 파일럿을 먼저 진행해봐도 된다. 노을 사진을 찍어 NFT 인장을 박아 올려보는 건 어떤가? 사부작거리며 작은 액세서리를 만들어 팔 수도 있고, 수제청이나 반려동물 간식을 만들어 팔아도 좋고, 메타버스 아바타의 의상을 만들어 팔 수도 있다.

따로 또 같이 꼼지락거리고 뽀시락거려보는 거다. 일단 시작해본 뒤, 시행착오를 통해 배우고 다듬어가자. 혹시 아나? 그렇게 시작한 일이 앞으로의 10년을 바꾸어줄지.

확장과 확인

플랫폼을
성장 도구로 활용하라

나만의 브랜드, 나만의 콘텐츠를 강화하고 싶다면
다양한 플랫폼을 적극적으로 활용해보자.
성장의 여정에 든든한 동반자가 되어줄 것이다.

'업글인간'이라는 말을 들어본 적이 있는가. 나와 나의 세상을 '업글(upgrade)'하려면 나의 일상에 성장을 위한 지렛대를 마련할 필요가 있다. 나만의 브랜드, 나만의 콘텐츠를 강화하겠다고 굳건히 마음먹어도 행동이 따르지 않는다면 번번이 수포로 돌아갈 수 있기 때문이다. 다행히 우리 곁에는 성장의 지렛대가 되어줄 다양한 플랫폼이 다방면에 걸쳐 마련돼 있다. 관심을 갖고 잘 찾아보면 '어떻게 이런 것이 가능해졌지' 싶은 신박한 도우미를 발견할 수 있고, 어떤 도우미들은 성장의 여정에 든든한 동반자가 되어줄 수 있다.

최근 눈에 띄는 플랫폼 중 내면의 성장 근육을 키우고, 나만의 재능을 발견하며, 내가 가진 콘텐츠를 확장하는 발판으로 활용할 만한 플랫폼을 목적에 따라 간략히 소개해본다.

러닝 & 습관 창출 플랫폼
: 지속적인 성장을 위한 기본기 구축

어떤 일이든 그 일을 하려면 그것에 관련된 학식이나 실력을 갖추는 것이 기본이다. 그런 의미에서 진정한 공부는 학교 졸업 이후에 시작된다. 눈살 찌푸리지 말자. 내 재능을 키우고 나만의 브랜드를 굳건하게 하는 공부는 재밌다.

가장 쉬운 방법은 독서다. 배움을 목적으로 하는 매개체 중 책은 정보의 밀도 면에서 월등하다. 짧게는 수년, 길게는 평생에 걸쳐 완성된 지식을 반나절 정도면 내 것으로 만들 수 있다. 오디오북 플랫폼인 '윌라'는 들으며 배울 수 있는 오디오 서비스가 눈에 띄고, 전자책 10만 권이 있는 '밀리의 서재'는 책에 맺힌 한을 풀기 딱 알맞은 곳이다.

좀 더 생동감 있는 지식과 트렌디한 정보를 얻고 싶다면 클래스 형태의 플랫폼을 활용해도 좋다. '클래스101', '패스트캠퍼스' 등이 업계 선두를 달리고 있는데, 꼭 필요한 내용을 깊이 있게 배울 수 있다는 장점이 있다.

이 외에 좋은 습관을 갖도록 도와주는 서비스도 함께 활용하길 바란다. 책을 읽든 강좌를 듣든, 지속적인 성장을 도모하려면 잘못된 습관을 개선하고 '싫은 일도 해내게 하는' 좋은 습관을 들여야 한다. 불규칙한 식습관에 운동은 작심삼일, 공부라는 말만 들어도 눈이 감기는 상태라면 야나두에서 전격 론칭된 '야나핏', 돈을 걸어서 실행 의지를 북돋우는 '챌린저스' 등을 권한다.

콘텐츠 공유 플랫폼
: 크리에이터로서의 첫 걸음

다시 한 번 강조하지만 콘텐츠가 자본이 되는 시대다. 지금은 다소 부족하고 어설프더라도 계속해서 나만의 콘텐츠를 키워나가야 한다.

한두 줄 써내려간 내 콘텐츠를 보다 긴 호흡의 글로 확대하는 데 도움이 되는 플랫폼도 있다. 대표주자가 '티스토리 블로그'와 '브런치'다. 특별한 제약 없이 모든 이가 글을 올릴 수 있으며, 많은 사람에게 읽힌 글은 곧장 출판 제의를 받기도 한다. 이 외에도 사람들의 관심 분야를 파악해 글을 올리는 '퍼블리'

도 눈에 띈다.

글쓰기가 아닌 이모티콘을 그리는 재주가 있다면 라인의 '크리에이터스', 카카오의 '이모티콘 스튜디오'의 문을 두드려보자. 네이버의 'OGQ'는 스티커, 디자인, 음원 등을 제작해 상품으로 등록하는 등 다양한 저작권 사업을 시작할 수 있는 곳이다. 창의적인 폰트를 개발했다면 '투게더 그룹'도 고려해볼 법하다. 강의에 자신이 있다면 '스킬업 라이브'에 강의를 올려보는 것도 재미있는 시도가 될 수 있다.

재능 연결 플랫폼
: 콘텐츠를 확장하는 무대

보다 적극적으로 재능을 연결해주는 플랫폼도 점점 늘어나는 추세다. 프리랜서 마켓인 '크몽'이 대표적이다. 500개 이상의 카테고리 안에 30만 개의 서비스가 이뤄지고 있다. 재능을 비즈니스화할 수 있는 실험적 플랫폼으로 '재능 아지트'도 비슷한 성격을 지닌다.

이밖에 온라인클래스 외 오프클래스도 운영해 공급자와 수요자가 직접 만날 수 있는 '탈잉', 원하는 시간에 원하는 만큼

돈을 벌고 싶은 사람들이 재능을 공급하는 '오투잡'도 눈여겨볼 만하다. 이들 플랫폼들은 거래 방식에 따라 차이는 있지만 대략 20퍼센트 안팎의 수수료를 받고 필요한 재능을 연결해준다. 잠재된 재능을 개발하고 확장하기 위해 꼭 한번 살펴봄직한 곳들이다.

이커머스 플랫폼
: 내 콘텐츠의 상업적 가치는 얼마나 될까

개인이 시도해볼 만한 이커머스 플랫폼들도 매력적이다. 핸드메이드 라이프 스타일 소품들을 집중적으로 소개하는 '아이디어스'는 2만여 명의 작가와 32만 개의 작품을 일대일 맞춤 형식으로 제공하는 플랫폼이다. 작가들은 자기가 가진 고퀄리티 기술을 온라인 취미 클래스를 통해 유저들에게 제공해주기도 하며, 인연을 맺은 고객들로부터 후원을 받을 수도 있다. 인테리어 관련 앱인 '오늘의집'은 제품뿐 아니라 다양한 인테리어 노하우부터 일반 유저 및 전문가들의 이야기를 체계적으로 제공해준다.

이커머스와 관련해 한 가지 기억할 것이 있다. 처음부터 너무 크게 일을 벌리는 것이 능사가 아니라는 점이다. 나의 콘텐츠가 자타 공인될 만큼 인정받기에 앞서, 로컬 중심으로 시작해보는 것도 방법이다. 중고제품 판매 앱으로 알려진 당근마켓을 로컬 커뮤니티의 장으로 활용하거나, 최근 주목받고 있는 네이버의 '동네시장'을 통해 입소문이 나는 데 주력해보거나, '에어비엔비 트립'에서 스스로 호스트가 돼 나만의 여행 콘텐츠를 공유하는 것 등이 로컬을 활용하는 좋은 방법이 될 수 있다.

커뮤니티 전문 플랫폼
: 소통을 통해 삶의 활력을 얻을 것

소통 중심의 성장에 주력하고 싶다면 작은 소모임이나 커뮤니티를 지향하는 플랫폼을 활용해볼 수 있다. 생활의 활력을 얻고, 그 안에서 나와 같은 취향을 지닌 이들과 교류함으로써 내 콘텐츠를 더욱 발전시켜나갈 수 있다.

'남의집 프로젝트'는 생판 모르는 남의 집 거실에서, 한 번도 만난 적 없는 사람들이 모여 취향을 공유하는 플랫폼이다. 궁극적으로는 내 지향을 셀프 브랜딩으로 확장할 수 있다는 장점이 있다. '소모임'은 300만 명의 워라밸 크루들이 1,000여 개 이상의 모임을 이끌고 있다. 관심 분야에 대한 지식과 열정이 있다면 당신도 얼마든지 크루가 될 수 있다. '프립'도 이와 유사한 플랫폼이다. '홀릭스'는 보다 깊이 있는 지식을 공유하고 공부하는 커뮤니티를 지향하며, '빙글'은 관심사에 따른 폐쇄된 SNS 형태라는 점이 눈길을 끈다.

커리어 관리 플랫폼
: 성장을 위한 커리어 관리를 원한다면

콘텐츠를 발견하고 키우면서 '업'으로서의 커리어 관리도 병행해야 한다. 명함관리로 출발했던 '리멤버'는 단순 인맥 관리를 넘어 커리어 전반에 대한 관리까지 영역을 확장하는 중이다. 채용공고를 올려주거나 역으로 스카웃을 제안하는 기능을 갖추고 있다. 직장인을 위한 경제 뉴스를 피드해주기도 한다. 비슷한 곳으로 직장인과 취준생의 커리어 SNS를 표방하는 '커리어리'도 있다. 개인의 비즈니스 프로필을 만드는 데 꽤 실용적인 도움을 준다. 해당 분야의 전문가들을 그루핑해 소개하고 있어 현직자들과 교류도 가능하다.

여성 리더 양성에 초점을 두고 있는 블러썸미도 다음 단계

비즈니스로 커리어 분야를 눈여겨보고 있다. 개인 성장에 필요한 파트너 역할을 담당할 플랫폼 서비스를 기획 중이다.

　간단히 소개했지만, 내 관심사를 증폭시키고 나만의 콘텐츠를 확장하는 플랫폼은 셀 수 없을 만큼 다양하다. 이미 대중화되어 있는 앱들도 시대의 요구에 따라 다양한 기능이 추가되고 있다. 여기 소개한 플랫폼들로 대략의 가이드를 잡았다면, 지금 내게 가장 필요한 성장의 도구가 무엇인지 잘 파악한 다음 이것저것 재지 말고 바로 뛰어들어보기 바란다. 아무것도 하지 않으면 아무 일도 일어나지 않는다.

멀티 페르소나

내 안의
또 다른 나를 찾아라

내 안의 또 다른 나를 열심히 발굴해내자.
생각지도 못했던 세상의 기회들을 만나
더욱 풍요로운 삶을 살게 될 테니까.

다육이를 좋아하는 지인이 있다. 회사생활에서 오는 스트레스를 다육이를 기르며 털어내곤 했단다. 그 경험을 블로그에 공유하다가 모임 플랫폼에서 다육이를 좋아하는 사람들을 모았다. 처음에는 조촐하게 세 명이 모였다고 한다. 그러다 시간이 지나자 점점 더 많은 사람과 소통하게 되었고 급기야 비즈니스까지 도모하기에 이르렀다. 작게 시작한 스마트 스토어가 인기를 끌면서 부업이 본업을 앞지르고 있다.

사업을 시작한 이후 그는 회사생활의 스트레스가 오히려 줄어들었다고 한다. 게다가 좋아하는 일로 즐거움을 얻고 돈까지 벌고 있으니 그야말로 일석삼조. 최상의 시너지를 내고 있는 셈이다.

멀티 페르소나는
인간의 본성이다

지금은 메타버스가 게임과 엔터테인먼트 분야, 일부 명품 비지니스에서 활성화되고 있다. 하지만 머잖아 훨씬 다양한 콘셉트를 가진 플랫폼이 폭발적으로 생겨날 것이다.

만일 당신이 미술애호가라면 취미가 같은 이들이 모인 메타버스 세상에 들어가서 고흐에 대해 실컷 이야기할 수 있다. 고흐를 사랑하는 마음만 통하면 그곳에서는 누구나 베스트 프렌드다. 국적, 나이, 성별, 키, 외모, 학력… 그런 것들은 전혀 중요하지 않다. 고대 그리스의 아고라처럼, 메타버스 세상은 새로운 장(場)이 될 것이다.

나는 이런 변화가 너무 즐겁다. 인생을 잘산다는 것은 남들이 원하는 모습이 아닌 내가 지닌 다양성을 제대로 발견하고 표현하는 것이라 믿는다. 성에 사는 공주와 저잣거리의 상인 중 누구의 삶이 더 좋아 보이느냐고 묻는다면 일말의 고민 없이 대답한다. 난 저잣거리 상인이 좋다고. 나를 더 잘 표현하고 다양하게 탐색할 수 있기 때문이다. 사람 구경도 많이 하고 물건도 팔아보고 광대도 따라가 보고, 잔치가 열리면 잔칫집에 가서 흥에 취해볼 수 있으니 얼마나 즐거운가.

멀티 페르소나를 갖는다는 건 인간 본성에 더 가까이 다가가는 자연스러운 행위라고 생각한다. 우리 안에는 다양한 욕구를 지닌 여러 개의 자아가 이미 들어 있으며, 인간은 원래 다면적인 존재이기 때문이다. 다만 교육을 통해 억압돼왔을 뿐. 당위적으로 이러이러해야 한다는 압박과 고정관념에서 벗어나 훨씬 더 자연스러운 삶을 살아내야 한다.

심리학에서도 '건강하게 살려면 분산하라'고 조언한다. 주식 투자에만 분산이 필요한 것이 아니다. 극단적인 선택은 모든 게 한 바구니에 담겼을 때 일어나기 쉽다. 심리적으로 건강하기 위해서는 의도적으로 내 삶의 일부분을 분산시킬 필요가 있다. 건강한 분산으로 본업에 더 재미를 느낄 수 있는 에너지를 얻을 수 있고, 일상의 고통과 어려움도 반감시킬 수 있다.

메타버스에서
가면 쓰고 놀 준비를 하라

메타버스가 보편화되면서 가면을 바꿔 쓰며 여러 가지 모습으로 활동할 수 있는 영역이 점점 많아지는 추세다. 그만큼 다양한 기회의 창구가 생겼다는 의미다. 콘텐츠만 있다면 부가가치까지 창출하며 자기 영토를 확장할 기회가 얼마든지 있다.

콘텐츠 크리에이터가 될 수도 있고, 개발자나 에이전시가 될 수도 있다. 메타버스 안에서 건물을 중개하는 중개업자가 될 수도 있고, 아바타를 더 인기 있게 만들어줄 아바타 디자이너 또는 컨설턴트가 될 수도 있다. 마음의 두려움만 넘어선다면 진입장벽 자체가 거의 없는 셈이다.

멀티 페르소나를 적극 활용하면 미처 발견하지 못한 능력을 발굴하고 확장하는 일도 가능하다. 이를 통해 자신감을 되찾을 수도 있다. 작은 시도들을 통해 자신에게 가르치는 재능이 있다는 걸 알게 된 후 회사에서 HR 부서로 옮긴 지인도 있다. 뜻밖의 행보였지만 자신의 새로운 면을 발견하고 기회를 놓치지 않은 것이다.

내 안의 또 다른 나를 열심히 발굴해내자. 생각지도 못했던 세상의 기회들을 만나 더욱 풍요로운 삶을 살게 될 테니까. 메타버스는 이러한 세상의 도래를 현실적으로 앞당기며 새로운 장을 열어주고 있다.

"미래는 다양한 자기 콘텐츠가 있는 사람이 부자가 되고 그렇지 못한 사람은 빈자가 될 거예요." 점심 먹다가 툭, 메타버스 개발 회사 애니펜의 전재웅 대표가 던진 말이다. 오늘따라 그의 말이 심상치 않게 들린다.

라이프 사이클

**인생 주기에 맞는
역량을 개발하라**

라이프 사이클이라는 큰 그림을 그려 놓으면
내가 도약을 위해 잠시 몸을 낮춰야 할 때인지
가속도를 낼 때인지 의연하게 대처할 수 있다.

유통회사에 근무하던 후배의 이야기다. 치밀하고 똑똑해서 어린 나이에 팀장도 달고 승승장구하고 있었다. 그런데 어느 날 느닷없이 해고 통보를 받았다. 회사와 신규 제품 라인업 사안을 두고 충돌이 있었는데 리포지셔닝하는 과정에서 해고를 당한 것이다. 그 충격으로 공황에 시달리며 힘든 나날을 보내고 있었다.

"선배, 저는요. 제가 해고당할 거라는 건 꿈에도 생각해본 적이 없어요. 공황장애도 남의 일로만 생각했는데 어떻게 저한테 이런 일이 한꺼번에 몰려와 덮칠 수가 있어요? 도저히 받아들일 수가 없어요."

아무도 예외일 수 없는
오르막과 내리막

나를 찾아와 하소연하는 후배에게 나는 한 가지 조언을 해주었다. 회사의 입장도 이해해보라든지, 반대로 회사의 멍청함을 비난하는 식의 이야기는 아니었다. 새로운 일을 같이 찾아보자는 어설픈 파이팅도 아니었다. 나는 내가 사랑하는 후배가 지금의 어려움을 외면하지 않고, 되레 이용할 수 있기를 바랐다. 지금 그에게 닥친 일이 전혀 특별한 일이 아니라는 것, 생기지 말아야 할 일이 생긴 게 아니라는 것, 혼자만 당하는 일이 아니라는 것을 인정할 수 있게 도와주고 싶었다.

"공황장애는 누구나 겪을 수 있는 일이야. 지금까지 겪지 않은 건 네가 운이 좋았던 거고. 지금은 정신없겠지만 이것 하나만 기억하자. 지금의 고통은 전혀 특별한 것이 아니라는 것! '왜 나에게만(Why me)?'이라고 생각하지 마. 그 일이 왜 너에게 생기면 안 되는 건데(Why not me)? 겁먹지 마. 각각의 상실은 그 나름의 의미가 있어. 우리가 아직 모를 뿐이지. 지금 너의 성장 단계에서 그 상실이 필요한 거였을 거야. 그러니까 두려워하지 말고 지금의 상실을 충분히 느껴. 그럼 도망갈 거야. 네가 두 팔 벌려 안으려 하면, 뭐 이런 애가 다 있나 하면서 공포는 도망갈 거야."

후배는 한동안 내 얼굴을 멍하니 쳐다봤다. 하늘이 무너질 듯한 혼란 속에 있는 그에게, 나는 담담히 그 고통을 바라보고 나아가 충분히 그 안에 머무르라고 조언했다.

외면하지 않으면
고통은 알아서 떠난다

그로부터 서너 달 후, 그는 새로운 회사로 출근했다. 요즘 한창 인기 있는 스타트업 중 한 곳이었다. 그러면서 내게 긴 내용의 이메일을 남겼다.

"저의 고통을 외면하지 않게 도와줘서 감사했어요. 거리를 두고 깊고 장기적인 시선으로 보게 해줘서 감사했어요. 그때는 내 고통에만 매몰되어 있어서 그 일이 꼭 일어나야만 할 이유 가 있었다는 걸 미처 인식하지 못했어요. 모든 것은 나름의 의 미를 지닌 채 존재한다는 걸 선배와의 대화를 통해 깨닫게 되 었어요."

살다 보면 이런 시기는 누구에게나 찾아온다. 어떻게 늘 유 쾌 발랄 승승장구하는 삶을 살 수 있겠나. 우리 삶은 늘 오르

내림이 있다. 그 부침을 견디고 나아가기 위해 우리는 성장에
도 라이프 사이클이 존재함을 인지해야 한다. 내가 어디쯤 서
있는지를 알아야 언제 달리고 언제 쉬어야 할지를 알 수 있다.
나아가 실패 앞에서도 힘을 낼 수 있다. 서퍼들이 파도를 가늠
해 힘을 주고, 지금 몸을 실어 나아가야 할지 그냥 보내야 할
지, 혹은 다른 서퍼에게 양보해야 할지를 선택하는 것처럼.

커리어 성장에도
라이프 사이클이 있다

특정 제품이 시장에 도입되면 일정 시간을 거쳐 성장한다. 그
러다 성숙기를 맞이하고 어느덧 쇠퇴기를 거친다. 모든 브랜드
가 다 같은 흐름을 타는 건 아니다. 오래가는 브랜드는 100년
넘게 성장기와 성숙기를 왔다 갔다 하고, 어떤 브랜드는 도입과
동시에 쓸쓸히 사라지기도 한다.
　우리의 커리어 성장도 마찬가지다. 성숙기가 길어 오랫동안
정상에 머무는 사람이 있고, 성장만 하다 어느새 시들해져버리
는 사람도 있다. 그런가 하면 쇠퇴기에 접어든 듯하다가 또 다
른 모멘텀으로 성장기의 모습을 보이기도 한다.

모든 라이프 사이클은 개인마다 다르고, 고유하다. 그래서 자신의 라이프 사이클을 파악하고 그 관점에서 현재 좌표를 가늠해보는 것이 중요하다. 옆에 앉아 있는 김 과장의 라이프 사이클이 내 사이클이 될 필요도 없고 될 수도 없기 때문이다.

커리어 구축을 위한
라이프 사이클의 4단계

개인마다 조금씩 다른 모습이겠지만, 라이프 사이클은 크게 4단계로 나뉜다.

도입기 도입기는 방향을 잡는 시기다. 시간이 걸릴 수 있다. 야구에서는 타석에서 각도가 1도만 다르게 나가도 어떤 건 홈런이 되고 어떤 건 파울이 된다. 이처럼 도입기는 내가 가는 길에 대한 확신을 얻기 위해 미세한 각도 실험을 하는 단계다. 이것저것 태핑하면서 시행착오도 겪고 다른 사람의 도움도 받아야 한다. 계속 자신을 의심하되 안달하지 않는 의지와 배포가 필요하다.

성장기 이 시기의 키워드는 몰입이다. 언젠가 한번은 모든 걸 쏟아부어 달려야 한다면 바로 이 시기가 그때다. 치열하게 부딪치고 이루어내며, 자신의 가능성을 확장하고 확신해보는 단계. 몰입하기에 실패에 대한 상처도 클 수 있다. 가지 많은 나무에 바람 잘 날 없듯이. 달리는 시기이므로 충돌도 잦고 갈등이나 고통도 많다. 오르막이라서 힘들 수 있다는 점도 미이 알아두면 좋다. 이때는 한 뼘 성장했다가 두 뼘 내려오기도 한다. 괜찮다. 나의 지향점을 향해 우상향만 그리고 있다면 그것이 계단식이어도 좋고, 잠시 개점 휴업 상태여도 상관없다.

성숙기 성장의 외연을 확장하는 시기다. 성장에 대한 보답이 오는 시기이기도 하다. 기업 브랜드로 따지면 시장 점유율 상위권을 계속 유지하는 단계. 대부분의 사람이 성숙기를 되도록 길게 즐기고 싶어 하지만 그게 쉽지 않다. 특히 요즘 같은 세상에선. 기회가 많다는 건 동시에 기회의 생명력이 짧다는 의미기도 하다.

하나의 기회가 저물고 다른 기회가 오는 주기가 빨라졌다. 뒤에 따라오는 사람들의 호흡도 그만큼 가쁘다. 성숙기에서는 강화와 확장이 답이다. 본질적인 면은 강화해 지켜내면서 확장을 통한 다른 모습으로의 변화를 모색해봐야 한다. 새로운 지식으로 무장하고, 부캐 생성 등을 통해 자아를 확대하며 새로운 기

나답게 일한다는 것

회를 창출해야 한다. 팀장으로서의 나는 성숙기지만, 나라는 브랜드의 어느 한 면은 새로운 열정과 기회로 이제 막 도입기를 지나고 있을 수도 있다.

쇠퇴기 쇠퇴기의 키워드는 집중이다. 쇠퇴라는 위기가 오면 잘 버림으로써 어려움을 이겨내야 한다. 많은 음식점이 끝없이 메뉴를 확장하다 망하는 것처럼 나의 관심과 재능이 너무 펼쳐져 있으면 중심이 흔들릴 수 있다. 그러니 집중할 분야를 정해 다시 한 번 매진해야 한다. 쇠퇴기를 어떻게 보내느냐에 따라 새로운 성장기로 부활하느냐 그렇지 못하느냐가 결정될 수 있다. 제대로 버리고 핵심에 집중하기, 쇠퇴기에 필요한 전략이다.

내 좌표에 맞춰
커리어 전략을 세워라

그럼 20대는 모두 도입기일까? 그렇지 않다. 사람은 저마다 라이프 사이클이 다르기에 연령만으로 사이클을 정의할 수는 없다. 또 인생의 사이클과 일의 사이클이 다를 수도 있다. 여러 개의 사이클이 같이 움직이면서 교차하기도 하고 간극이 벌어지기도 한다.

젊은 나이지만 회사에서 빨리 성장해 팀장이 되고 성숙기로 들어섰다고 해보자. 그러면 성숙기에 맞는 역량을 개발해야 한다. 현재 나의 사이클은 성숙기인데 여전히 성장기의 사이클대로 나를 증명하는 아웃풋 중심의 성과에 치중해선 안 된다. 성숙기라면 네트워킹이나 자신을 지지하는 세력, 회사 내에서 일하는 이들과의 관계를 더 고민하면서 확장하는 게 중요하다.

성장기는 나의 몰입으로 성장하는 시기지만 성숙기에 들어가면 타인을 일하게 만드는 리더십이 필요하다. 나를 믿어주는 우군이 얼마나 많은지가 게임의 레버가 된다. 이처럼 일을 라이프 사이클로 보면 각 단계마다 중요한 핵심 레버가 다르다는 걸 알 수 있다. 그걸 깨닫지 못하면 자신에게 닥쳐오는 일들을 대비 없이 맞게 되므로 충격을 받는다. 열심히 일했는데 왜 갑자기 해고를 당해야 하는지 이해할 수 없는 상황과 마주치게 되는 것이다.

라이프 사이클이라는 큰 그림을 그려놓으면 지금 겪고 있는 시련이 과정의 어느 단계에서든 결국 만나야만 하는 것임을 알 수 있다. 도약을 위해 잠시 몸을 낮추고 있어야 할 때인지, 가속도를 내기 위해 더 힘차게 내디뎌야 할 때인지도 알 수 있다. 인생의 오르내림에 더 의연하게 전략적으로 대처할 수 있게 된다.

**낯설음의 가치
주변의 30퍼센트는
낯선 것들로 채워라**

창조성은 호기심을 잃지 않을 때 발휘된다.
호기심을 잃지 않으려면 낯선 것들에
자꾸 자신을 노출시키려는 노력이 필요하다.

나의 새해 리추얼은 1년 전 오늘의 카톡과 현재를 비교하는 것으로 시작한다. 지금 내가 관계 맺고 있는 주변 사람들이 얼마나 바뀌었나, 새로운 사람들과는 어떤 생각들을 나누고 있나 살펴보는 것이다.

나의 관계망에
뉴페이스를 데려다 놓아라

해마다 나의 연락처 리스트, 약속의 30퍼센트를 새로운 사람으로 채우려고 노력한다.

나답게 일한다는 것

낯선 길을 운전하다 보면 설렘과 두려움이 동시에 든다. 그때는 주변을 좀 더 자세히 살피게 되고 새로운 것을 발견하기 위해 오감을 다 동원한다. 만남도 마찬가지다. 어제도 만났던 사람을 오늘 만나는 것이 사실 제일 편하다. 서로 사정도 잘알고 감정 공유도 훨씬 쉽기 때문이다. 하지만 익숙한 관계는 어느 순간이 지나면 서로의 생각에 자극을 주지 못한다. 익숙함이 갖는 함정이다.

새로운 사람과의 만남은 소우주 간의 충돌이라는 것을 익히 알고 있기에, 나는 새로운 관계에 정성을 쏟는다. 나와 비슷한 사람 말고 전혀 다른 사람과의 만남도 시도해본다. 그가 가져오는 세상이 내 생각을 흔들어놓기를 진심으로 바라면서. 나의 구태한 생각에 새로운 각을 주는 낯선 대화를 무척 즐긴다. 내 생각의 경계선이 무너질 때 짜릿한 희열을 느끼기 때문이다.

머무는 곳 30퍼센트를
전과 다르게 바꾸어라

자극을 가져오는 또 하나의 매개체는 공간이다. 사람의 생각을 바꾸고 그 안에 있는 사람 자체를 바꾼다. 기업들이 조직 문화

개선을 위해 제일 먼저 공간을 리디자인하는 것도 같은 맥락에서다. 자유롭고 스타일리시한 공간에 머물면 그런 사람이 되고, 정신없고 지저분한 공간에 머물면 나도 산만해진다. 주기적으로 직장과 집에 변화를 주는 것은 거의 불가능하다. 큰돈이 드는 것도 곤란하다. 그렇다고 포기할 필요는 없다. 작은 변화와 시도만으로도 충분하니까.

주로 머무는 공간을 소소하게 바꿔보면 신선한 에너지가 생성되고 즐거움이 느껴진다. 침실 머리맡 장식을 바꿔보거나, 책상 위치를 바꿔보자. 토요일 아침마다 가는 카페에서 늘 앉던 자리가 아닌 다른 자리에 앉아본다든지, 늘 먹던 메뉴가 아닌 새로운 메뉴에 도전해보는 시도도 환영이다.

운전자라면 늘 다니던 길 말고 새로운 길로 출퇴근을 해보는 것도 좋다. 지하철이나 버스정류장까지 가는 길도 평소 안 다니던 길로 가보면 의외의 풍경을 만나게 된다. 뻔하디 뻔하고 무미건조했던 출퇴근길이 조금 새롭게 느껴질 것이다.

반려견과 함께하는 산책 코스나 자주 다니던 조깅 코스를 바꿔보는 건 어떨까? 수업 시간 강당에서 다른 자리에 앉아보거나, 동네에 새로 오픈하는 식당들을 골라 한 달에 한군데씩 가보는 것도 재밌을 것 같다. 공간을 바꾸면 풍경이 바뀌고, 풍경이 바뀌면 시선이 바뀐다. 그리고 시선이 바뀌면 어느새 사고

나답게 일한다는 것

의 관점이 달라진다. 유연해지고 넓어진다.

통찰력은 낯선 생각과의
충돌에서 나온다

아티스트들은 성향상 호기심이 넘친다. 호기심이 넘쳐야 아티스트가 되는 것 같기도 하다. 《아티스트 웨이》의 저자 줄리아 카메론(Julia Cameron)은 "모든 사람의 내면에는 아티스트가 있다"라고 말한다. 이때의 아티스트는 곧 '창조성'이다. 창조성은 호기심을 잃지 않을 때 발휘된다.

사람은 본디 익숙함의 동물이다. 우리의 뇌는 하려던 대로 하는 습성이 있으며 새로운 것을 받아들이기 싫어한다. 새로운 것을 받아들이려면 그만큼 에너지가 들어가기 때문이다. 나이가 든다는 것은 익숙함을 더 가까이하면서 호기심을 잃는 것이다. 더 이상 궁금한 것도 없고, 새로울 것도 없다. 가고 싶은 곳도 알고 싶은 것도 사귀고 싶은 사람도 없어지는 것이 나이 들어가는 자연스러움이다.

그러니 호기심을 잃지 않기 위해서는 일정량의 의도적인 노력을 기울여야 한다. 사람을 통해, 공간을 통해, 경험을 통해,

자극점을 창출하고 매개체로 활용해야 한다. 낯선 사람과 낯선 공간, 낯선 상황에 자꾸 나를 노출시키며 나의 유니버스에 편입시켜보자. 그 작은 변화들이 때론 불편하게 느껴질 수 있지만 일단 받아들이자. 호기심을 잃지 않고 재미있게 사는 길인가 보다 하며 마음을 열어보는 것이다.

삶에 대한 통찰력은 익숙한 것의 심화에서 오는 것이 아닌 낯선 것들과의 충돌 속에서 얻어진다. 작은 낯설음들을 우리의 삶에 끊임없이 초대해보자.

셀프 칭찬

자기 격려로
도움닫기를 하라

남이 날 칭찬하기를 기다리지 말고
나부터 나를 알아주고 추켜 세워주자.
나는 내가 믿는 만큼 달라진다.

초등학생 시절 나의 일기장은 반성으로 가득했다. 친구와 즐겁게 놀고 난 하루의 끝, 내 일기장은 "내일부터는 공부를 열심히 해야겠다"로 마무리되었다. 시험에서 100점을 받은 날도 별반 다르지 않았다. 자랑스러움에 한껏 도취되어 신나는 모습을 보이다가도 마무리는 사뭇 비장했다. "다음에도 열심히 해서 100점을 놓치지 않겠다." 그렇게 써야만 선생님의 칭찬을 받았다. 나는 이런 일기가 정말 싫었다.

"Most of Korean friends are too self critic(대부분의 한국 친구들은 자신에 대해 너무 비판적이야)." 꽤 오랜 기간 한국에서 살고 있는 미국인 친구의 말이다. 그의 말이 맞는 것 같다. 우리는 잘하려는 욕망도 크고 부지런하며 열심히 노력하고 머리도 좋은 사람들이다. 그래서 남들보다 빠른 속도로 경제 성장을 이루었고, 이제는 K-pop, K-contents, 나아가 K-좀비까지 K-문화로 세상의 중심이 되어가고 있다. 남의 것을 잘 받아들이고, 더 나은 방향을 찾아내고, 빠르게 실행하면서 우리만의 새로움을 만들어내는 데 탁월하다. 그야말로 우리는 재능 덩어리들이다.

그러나 그 안에 있는 개인의 삶은 가쁜 호흡에 버거워하고 있는 듯하다. 지나친 경쟁과 비교 때문일까? 스스로에 대해 건강하지 않을 정도로 비판적이라는 생각이 든다. 잘하고 있으면서도 충분히 안도하지 못하고, 온통 더 나아져야 한다는 강박으로만 마음을 채운다. 나의 빛남에 환호하며 춤출 자격이 충분한데, 그걸 봐주지 못하고 있는지도 모른다.

약하고 찌질한 모습마저
소중한 보물이다

나는 나의 약함과 찌질함이 매우 안타깝지만 싫지는 않다. 개선해야 하는 건 맞지만 당장 이별해야 할 '악'으로 보지는 않는다. 그저 나의 일부를 구성하고 있으며 나의 본모습을 가장 잘 반영하고 있는 흔적들로 바라본다. 이 찌질함 덕분에 '나'에게 집중하고 타인의 찌질함도 가볍게 지나칠 수 있었다. '다 잘할 순 없지 않겠어?', '안 되는 건 안 되는 거야. 너의 몫을 다했다면 타인의 몫까지 애써 바꾸려 하지 마.', '지금까지 버텨온 걸 보면 나도 필살기는 있어.' 스스로에게 이렇게 말하기를 멈추지 않았다. 나를 냉정하게 바라보면서도 나만의 장점을 찾아 아낌없이 칭찬해줬다.

지금도 마찬가지다. 딱히 글재주가 없음에도 불구하고 책을 내겠다며 몇 달째 자판을 두드리고 있다. 그런 나를 보면서 '하고 싶은 일은 누가 시키지 않아도 참 열심히 하는구나. 은근히 열정적이야'라며 진심으로 칭찬한다.

'해야 할 일' 목록 대신 '자뻑 일기'를 쓰자

다이어리에 'to do list'만 쓸 게 아니라 '자뻑 일기'를 써보자. 기운이 바닥을 치고 의욕이라곤 눈꼽 만큼도 찾아볼 수 없을 때일수록 더욱 그래야 한다. 내가 나를 칭찬해줄 만한 게 없는지 눈에 불을 켜고 살펴서 글로 적는 것이다. 심리학적으로 가장 좋은 각인법은 내 입으로 말하고 내 눈으로 확인하는 것이다.

나답게 일한다는 것

친구들끼리 '자뻑 모임'을 하는 것도 좋다. 아예 한 시간 정도 자뻑 타임을 갖자고 해서 자기 자랑을 맘껏 늘어놓자. 성격 특이한 팀장에게 요령껏 잘 맞추고 있는 나의 순발력도 칭찬하고, 회사 생활을 헤매고 있는 동료에게 커피 한 잔 건넨 나의 무한 선행에도 감탄하고, 과잉 포장이 싫어 배달업체를 바꾼 나의 글로벌 시민 의식도 자랑해보자. 남이 날 칭찬하기를 기다리지 말고, 남이 나를 위안해줄 것을 기대하지 말고. 나부터 나를 알아주고 추켜세워주자. 그럴수록 나는 더욱 귀한 사람, 더 괜찮은 사람이 되어갈 것이다.

우리는 피드백이나 질책만으로 성장하지 않는다. 성장에는 좋은 에너지와 양분이 필요하다. 나의 사소한 빛남을 발견해줄 사람은 나밖에 없다. 사소함이 모여 위대함이 된다. '작은 차이가 명품을 만듭니다.' 유명 광고 카피로 그치는 말이 아니다. 매일매일 나에 대해 호기심을 갖고 나를 탐험해주자. 내가 믿어주는 대로 나는 달라진다. 발견해주는 만큼 나는 성장한다. 나는 탐사가 끝나지 않은 미개발 보물섬이다. 망설이지 말고 지금 나를 위한 축제를 열어보자.

나답게 일한다는 것
나를 증명하려고 애쓰는 당신을 위한 최명화의 가장 현실적인 조언

초판 1쇄 2022년 3월 21일

지은이 | 최명화

발행인 | 문태진
본부장 | 서금선
책임편집 | 한성수 송현경   편집 1팀 | 한성수 송현경 박지영

기획편집팀 | 임은선 박은영 허문선 이보람 정회경   저작권팀 | 정선주   디자인팀 | 김현철
마케팅팀 | 김동준 이재성 문무현 김혜민 김은지 이선호 조용환 박수현
경영지원팀 | 노강희 윤현성 정헌준 조샘 최지은 조희연 김기현 이하늘
강연팀 | 장진항 조은빛 강유정 신유리 김수연

펴낸곳 | ㈜인플루엔셜
출판신고 | 2012년 5월 18일 제300-2012-1043호
주소 | (06619) 서울특별시 서초구 서초대로 398 BNK디지털타워 11층
전화 | 02)720-1034(기획편집) 02)720-1027(마케팅) 02)720-1042(강연섭외)
팩스 | 02)720-1043   전자우편 | books@influential.co.kr
홈페이지 | www.influential.co.kr

ⓒ 최명화, 2022

ISBN 979-11-6834-018-3 (03320)

• 이 책은 저작권법에 따라 보호받는 저작물이므로 무단 전재와 무단 복제를 금하며, 이 책 내용의
  전부 또는 일부를 이용하려면 반드시 저작권자와 ㈜인플루엔셜의 서면 동의를 받아야 합니다.
• 잘못된 책은 구입처에서 바꿔 드립니다.
• 책값은 뒤표지에 있습니다.
• ㈜인플루엔셜은 세상에 영향력 있는 지혜를 전달하고자 합니다. 참신한 아이디어와 원고가 있으신 분은
  연락처와 함께 letter@influential.co.kr로 보내주세요. 지혜를 더하는 일에 함께하겠습니다.